plurall

Parabéns!
Agora você faz parte do **Plurall**, a plataforma digital do seu livro didático!
Acesse e conheça todos os recursos e funcionalidades disponíveis para as suas aulas digitais.

Baixe o aplicativo do **Plurall** para Android e IOS ou acesse **www.plurall.net** e cadastre-se utilizando o seu código de acesso exclusivo:

AASE3NYVB

Este é o seu código de acesso Plurall.
Cadastre-se e ative-o para ter acesso aos conteúdos relacionados a esta obra.

@plurallnet

@plurallnetoficial

SOMOS EDUCAÇÃO

5

INTERPRETAÇÃO DE TEXTOS

DESENVOLVENDO A COMPETÊNCIA LEITORA

WILLIAM
CEREJA

Professor graduado em Português e Linguística e licenciado em Português pela USP
Mestre em Teoria Literária pela USP
Doutor em Linguística Aplicada e Análise do Discurso pela PUC-SP

CILEY
CLETO

Professora graduada e licenciada em Português pela USP
Mestra em Linguística e Semiótica pela USP

Atual Editora

Editora Saraiva

Presidência: Mario Ghio Júnior
Direção editorial: Lidiane Vivaldini Olo
Gerência editorial: Viviane Carpegiani
Gestão de área: Noé G. Ribeiro
Edição: Daniella Szeko Zerbinatti, Fernanda Carvalho, Mônica Rodrigues de Lima e Paula Junqueira
Planejamento e controle de produção: Flávio Matuguma, Juliana Batista, Felipe Nogueira e Juliana Gonçalves
Revisão: Kátia Scaff Marques (coord.), Brenda T. M. Morais, Claudia Virgilio, Daniela Lima, Malvina Tomáz e Ricardo Miyake
Arte: André Gomes Vitale (ger.), Catherine Saori Ishihara (coord.) e Carlos Magno (edição de arte)
Diagramação: Select Editoração
Iconografia e tratamento de imagem: André Gomes Vitale (ger.), Denise Kremer e Claudia Bertolazzi (coord.), Camila Losimfeldt (pesquisa iconográfica) e Fernanda Crevin (tratamento de imagens)
Licenciamento de conteúdos de terceiros: Roberta Bento (ger.), Jenis Oh (coord.), Liliane Rodrigues, Flávia Zambon e Raísa Maris Reina (analistas de licenciamento)
Ilustrações: Biry Sarkis, David Martins, Lelis e Jean Galvão
Cartografia: Eric Fuzii (coord.) e Robson Rosendo da Rocha
Design: Erik Taketa (coord.) e Adilson Casarotti (proj. gráfico e capa)
Foto de capa: Rohit Dhanaji Shinde/Shutterstock; koretskiyart/Shutterstock; George Rudy/Shutterstock

Avenida Paulista, 901, 6º andar – Bela Vista
São Paulo – SP – CEP 01310-200
http://www.somoseducacao.com.br

Dados Internacionais de Catalogação na Publicação (CIP)

Cereja, William Roberto
Interpretação de textos 1° a 5° ano / William Roberto Cereja, Ciley Cleto. -- 2. ed. -- São Paulo : Atual Editora, 2020.
(Interpretação de textos ; vol. 1 ao 5)

1. Língua portuguesa (Ensino fundamental) 2. Língua portuguesa (Ensino fundamental) I. Título II. Cleto, Ciley

20-1407 CDD 372.6

Angélica Ilacqua - CRB-8/7057

2023
Código da obra CL 801861
CAE 722394 (AL) / 722393 (PR)
ISBN 9788547237400 (AL)
ISBN 9788547237417 (PR)
2ª edição
5ª impressão
De acordo com a BNCC.

Impressão e acabamento: A.R. Fernandez

Uma publicação SOMOS EDUCAÇÃO

Apresentação

Caro estudante:

StHelena/Thinkstock

Você já notou como estamos rodeados por textos? Eles estão nas ruas, nos cartazes, nos letreiros de ônibus, nas placas, nos *outdoors*, nas receitas de bolo...

Também estão nas mensagens que enviamos e recebemos, nas contas para pagar, nos bilhetes deixados na mesa ou na geladeira...

Estão nos jornais, nas revistas, nos livros e na internet. Estão nas histórias em quadrinhos, nos filmes, nas canções, na pintura, nas instruções de jogo...

Os textos fazem parte da nossa vida! Saber lê-los adequadamente é poder participar ativamente da vida e do mundo.

Nós, autores, escrevemos este livro para ajudá-lo a aprender a ler de verdade e, por meio da leitura, descobrir um mundo maravilhoso que espera por você.

Nesse mundo há de tudo: de príncipes e princesas até personagens incríveis, como Menino Maluquinho, Mônica, Cebolinha, Mafalda, Suriá, Gaturro e muitos outros. Você vai se divertir muito e também vai refletir, discutir, opinar...

Com este livro, queremos ajudá-lo a crescer: crescer como leitor e crescer como pessoa!

Para começar, é fácil: basta virar esta página!

Um abraço,
Os autores

Jefferson Galdino

SUMÁRIO

CAPÍTULO 1

Na arte, nada se inventa, tudo se recria... 8

Magali e Mônica de rosa e azul, Mauricio de Sousa 8

Texto e intertexto 10

As meninas Cahen d'Anvers ou Rosa e azul, Renoir 10

Exercícios 12

© Mauricio de Sousa/Mauricio de Sousa Editora Ltda.

CAPÍTULO 2

Situações inusitadas 20

Cão! Cão! Cão!, Millôr Fernandes 20

Palavras em contexto 23

Texto e intertexto 25

Companheiros de viagem, Norman Rockwell 25

Exercícios 29

Jean Galvão/Arquivo da editora

CAPÍTULO 3

Ser solidário ... 36

Pitbull arrasta bebê pela fralda e salva criança de incêndio, Top Mídia News 36

Palavras em contexto ... 39

Texto e intertexto ... 40

Homem salva menino de 5 anos de ataque de pitbull no Rio de Janeiro, Uol 40

Exercícios ... 44

Libortom/Getty Images

CAPÍTULO 4

Um peixe letrado ... 50

Palavras de um peixe-boi, Milton Hatoum 50

Palavras em contexto ... 57

Texto e intertexto ... 58

Qualquer vida é muita dentro da floresta, índios Ticuna 58

Exercícios ... 61

David Martins/Arquivo da editora

CAPÍTULO 5

A arte da palavra ... 70

Entrevista com Ruth Rocha, *Revista E* 70

Palavras em contexto ... 75

Texto e intertexto ... 77

"Esqueça" um livro, Prefeitura de Guarapuava 77

Exercícios ... 80

Haroldo Junior/Futura Press

SUMÁRIO

CAPÍTULO 6

A natureza pede socorro **84**

Onça-pintada corre risco extremo de extinção na mata atlântica, Camila Turtelli 84

Palavras em contexto 89

Texto e intertexto 90

Placa "Tipos de tráfico", *G1* 90

Exercícios 92

meunierd/Shutterstock

CAPÍTULO 7

O que você vai ser quando crescer? **100**

Cueca I, Antonio Prata 100

Palavras em contexto 107

Texto e intertexto 109

Segredo, Elias José 109

Exercícios 112

Jean Galvão/Arquivo da editora

CAPÍTULO 8

Discriminação... Não! **118**

Desenho 118

Texto e intertexto 120

Tira de Alexandre Beck 120

Exercícios 122

David Martins/Arquivo da editora

CAPÍTULO 9

Mundo tecnológico **130**

Infográfico “Crianças na internet” 130

Texto e intertexto 133

Os países mais “sociais”, Época 133

Exercícios 136

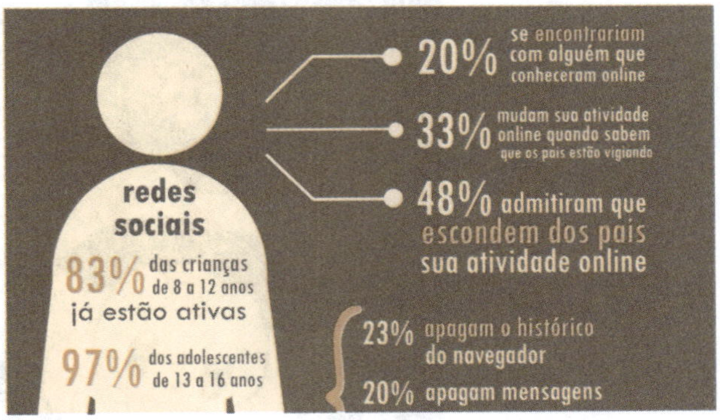

Reprodução/https://maternidadesimples.com.br/

CAPÍTULO 10

Queres um amigo? Cativa-me! **144**

Trecho de *O Pequeno Príncipe*, Antoine de Saint-Exupéry 144

Palavras em contexto 150

Texto e intertexto 152

Cartum de Mordillo 152

Exercícios 154

Reprodução/Editora Agir

BIBLIOGRAFIA **160**

CAPÍTULO 1

Na arte, nada se inventa, tudo se recria...

Quando um artista faz uma obra, ele não imagina o que pode acontecer com ela no futuro. Muitas obras caíram no esquecimento depois de alguns anos, mas outras, feitas há mais de 500 anos, estão mais vivas do que nunca!

Observe esta pintura, de Mauricio de Sousa:

› *Magali e Mônica de rosa e azul* (1989).

1. A pintura retrata as personagens Mônica e Magali, que fazem parte da Turma da Mônica.

   a) Quais são as características mais conhecidas da Mônica?

   ____

   ____

   b) E quais são as da Magali?

   ____

2. Mônica e Magali são completamente diferentes, mas são muito amigas. A amizade entre as duas meninas é sugerida no quadro? Por quê?

   ____

   ____

3. Observe as roupas e os calçados das meninas e o ambiente ao redor. Levante hipóteses:

   a) Em que local as meninas estão?

   ____

   ____

   b) O que elas estão fazendo?

   ____

   ____

4. Por que o nome do quadro é *Magali e Mônica de rosa e azul*?

   ____

   ____

   ____

DEZ LIVROS QUE VOCÊ NÃO PODE DEIXAR DE LER

- *Angélica*, de Lygia Bojunga (Casa Lygia Bojunga)
- *A arca de Noé*, de Vinícius de Morais (Companhia das Letrinhas)
- *Pluft, o fantasminha*, de Maria Clara Machado (Nova Fronteira)
- *Mais coisas que todo garoto deve saber / Mais coisas que toda garota deve saber*, de Antonio Carlos Vilela (Melhoramentos)
- *Feiurinha*, de Pedro Bandeira (Moderna)
- *Não era uma vez... — Contos clássicos recontados*, de vários autores (Melhoramentos)
- *Contos e fábulas*, de Charles Perrault (Iluminuras)
- *O planeta lilás*, de Ziraldo (Melhoramentos)
- *A volta do pássaro encantado*, de Rubem Alves (Paulus)
- *Histórias para todos os dias*, de Natha Caputo e Sara Cone Bryant (Companhia das Letrinhas)

TEXTO E INTERTEXTO

Observe esta pintura, de Renoir:

Reprodução/Museu de Arte de São Paulo Assis Chateaubriand, São Paulo, SP.

As meninas Cahen d'Anvers ou *Rosa e azul* (1881).

1. Compare a pintura de Renoir e a pintura *Magali e Mônica de rosa e azul*, de Mauricio de Sousa. Que semelhança há entre elas quanto:

   a) às personagens?

   ____

   ____

   b) às roupas e aos calçados?

   ____

   ____

   c) ao local onde as personagens estão?

   ____

   ____

2. Quando um texto, verbal ou não verbal, cita outro texto, isto é, faz uma referência a ele, dizemos que há entre eles uma relação de **intertextualidade**. Observe na legenda que acompanha cada pintura a data em que cada uma foi produzida e conclua: Qual das duas é mais antiga e serviu de modelo para a outra?

   ____

   ____

   ____

3. Mauricio de Sousa criou *História em quadrões* como forma de incentivar e divulgar a arte de Renoir e outros artistas importantes. Levante hipóteses: Por que ele escolheu as personagens Mônica e Magali para representar as meninas do quadro de Renoir?

   ____

   ____

4. Na arte, há muitos casos de intertextualidade. Você conhece outras pinturas, filmes, músicas ou livros que citem outro, mais antigo? Se sim, comente com os colegas.

Exercícios

A história em quadrinhos a seguir é com o personagem Gaturro. Leia-a e responda às questões 1 e 2.

(Nik. *Gaturro a lo grande*. Buenos Aires: Catapulta Children Entertainment, 2009. p. 12.)

1 A reação do dono de Gaturro, ao acender a lâmpada, é de:

a) alegria, por ver o ambiente colorido.

b) tristeza, por ver o ambiente pichado.

c) espanto, por ver a cara de Gaturro estampada em todo o ambiente.

d) medo, por ver tantas figuras na parede.

2 Observe a expressão de Gaturro, no último quadrinho. Ao ver sua cara projetada em todo o ambiente, ele demonstra estar:

a) satisfeito.

b) sonolento.

c) solitário.

d) carente.

Leia a tira a seguir e responda às questões 3 e 4.

(Laerte. *Classificados*. São Paulo: Devir, 2002. p. 32.)

3 A opção de trocar o carro pela bicicleta indica que:

a) a bicicleta precisa de conserto.

b) o carro não está com problemas.

c) no campo, o motorista prefere dirigir a bicicleta.

d) o carro funciona melhor do que a bicicleta.

4 O humor da tira está na surpresa:

a) de o carro quebrar.

b) de a bicicleta quebrar.

c) de o carro ir para o bagageiro da bicicleta.

d) de a bicicleta ir para o bagageiro do carro.

O quadro a seguir foi feito pela pintora brasileira Tarsila do Amaral. Observe-o e responda às questões 5 e 6.

Abaporu (1928).

5 A pintura retrata:

a) uma noite quente.

b) um dia frio e nublado.

c) um dia chuvoso.

d) um dia quente e ensolarado.

6 O que permite chegar à resposta da questão anterior é:

a) a figura que está sentada.

b) o Sol e o céu azul.

c) a figura que está sentada e o Sol.

d) o cacto.

O texto a seguir foi extraído de um *site* especializado em venda antecipada de ingressos pela internet. Leia-o.

www.ingressorapido.com.br/event/34059-1/d/69509/s/369946

Reprodução/https://www.ingressorapido.com.br/

Espetáculo Infantil BABY ROCKERS

Teatro | Infantil e Familiar

Sábado às 17h00, Domingo às 16h00

14 a 15 de Março

Teatro Isba

Av. Oceânica, 2717

Salvador/Bahia

"BABY ROCKERS" conta a história de quatro bebês amigos, que se conhecem no berçário de uma creche e sonham em formar a maior banda de rock de todos os tempos. Por isso, eles se aproveitam dos momentos em que a babá se distrai nas redes sociais para viverem muitas aventuras.

A história se passa na creche Arco-Íris, onde todos se preparam para participar de uma competição artística entre todas as creches da região. Juntamente com sua Babá, eles preparam uma grande apresentação para vencer a competição.

Juntos, vivem diversas aventuras e contam divertidas histórias, encenando, de forma dinâmica e educativa, todo o significado de amizade, dedicação e amor.

Tudo com muita música, dança, aprendizado, interação e efeitos de cena, tornando o espetáculo um musical divertido e agradável para toda a família.

Uma das belas mensagens que o espetáculo deixa é a de incentivar a todos, de qualquer idade, a doar aos mais necessitados, seja em forma de roupas, alimentos ou apenas seus brinquedos que não são mais usados.

Enfim, qualquer forma de ajuda com amor, para que possamos juntos formar uma corrente do bem, ajudando a fazer um mundo melhor.

SERVIÇO

Espetáculo: **BABY ROCKERS**

Data: 14 e 15 de Março

Local: ISBA

Horário: 17h

Duração: 60 minutos

Classificação Indicativa: Livre

Gênero: Musical Infantil

Ingressos: 1º Lote - R$ 50,00 (inteira) e R$ 25,00 (meia) - ATÉ DIA 10 de março

2º lote 60,00 / 30,00

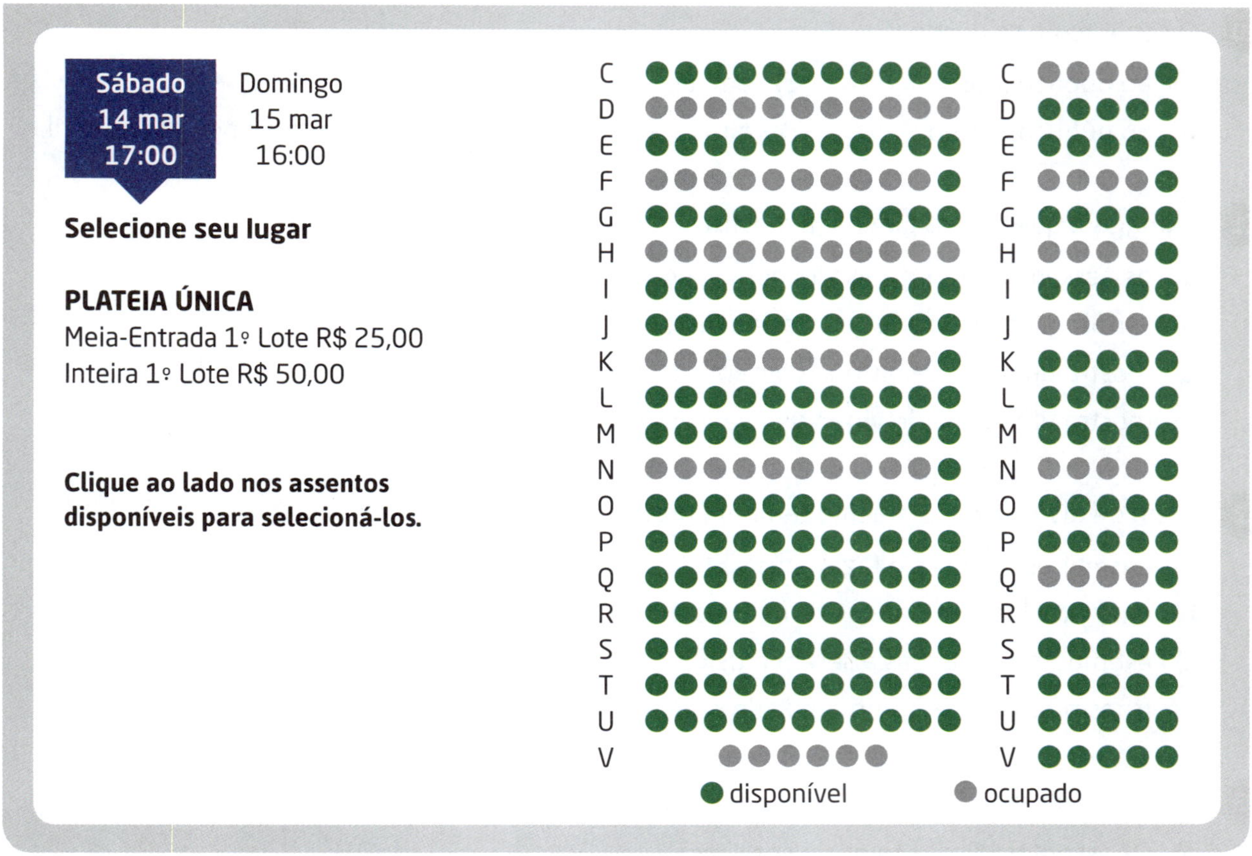

(Disponível em: www.ingressorapido.com.br/event/34059-1/d/69509/s/369946. Acesso em: 9/3/2020.)

7 A página do *site* apresenta, principalmente:

a) um resumo do espetáculo *Baby Rockers*.

b) informações gerais a respeito do espetáculo *Baby Rockers*: resenha, data, horário, preços, local e assentos disponíveis.

c) a história do *rock* feita no Brasil por bandas infantis.

d) uma publicidade que estimula o público infantil a assistir ao espetáculo.

8 Marque a informação **falsa** a respeito do espetáculo:

a) Ele vai acontecer em dois dias seguidos: 14 e 15 de março.

b) Ele vai acontecer sempre no mesmo horário: 17 horas.

c) O ingresso para as crianças custa R$ 25,00.

d) O espetáculo tem uma hora de duração.

9 O espetáculo *Baby Rockers* é:

a) um filme musical infantil.

b) uma animação musical infantil.

c) um espetáculo de teatro e música.

d) um espetáculo de contação de histórias.

10 O espetáculo se destina:

a) ao público idoso.

b) ao público adulto.

c) ao público adolescente e adulto.

d) a toda a família, mas principalmente ao público infantil.

11 A imagem que abre a página já mostra como vai ser o espetáculo, pois:

a) os personagens centrais são bebês roqueiros.

b) retrata a creche onde acontece a história.

c) mostra uma das cenas que contam a história do *rock*.

d) mostra uma cena do vídeo que vai ser exibido.

12 Além de divertir, o espetáculo também pretende:

a) ensinar as crianças a fazer música.

b) ensinar a história da música no Brasil.

c) estimular as crianças a serem músicos.

d) transmitir valores como amizade, solidariedade e amor.

13 Observe a ilustração da plateia e dos assentos. Marque a afirmativa correta:

a) Os assentos livres são os de cor cinza.

b) Os assentos já ocupados são os de cor verde.

c) A numeração das fileiras segue a ordem alfabética.

d) O teatro já está quase todo ocupado e tem poucos assentos livres.

Observe a foto ao lado, do fotógrafo francês Pierre Verger, e responda às questões 14 a 16.

Reprodução/Fundação Pierre Verger

14 A pessoa fotografada é:

a) uma criança.

b) uma mulher adulta.

c) uma mulher idosa.

d) uma adolescente.

15 A foto foi tirada:

a) durante a noite, pois o lado esquerdo dela está escuro.

b) durante o dia, pois a luz do Sol está refletida na parede.

c) durante a noite, pois há sombra na parede.

d) à tarde, pois começa o anoitecer.

16. A pessoa retratada na foto está:

a) alegre, observando alguma cena.
b) triste, com um olhar vago.
c) séria, observando alguma cena.
d) distraída, olhando para o vazio.

Leia o texto a seguir e responda às questões 17 a 25.

Biry Sarkins/Arquivo da editora

O corvo e a raposa

Um corvo que passeava pelo centro de treinamento viu uma bola de couro, novinha. Muito rápido, apanhou-a com o bico e fugiu para o alto de uma árvore, que ficava no estacionamento.

A raposa, mascote do clube, ficou olhando de longe. Tomada por enorme inveja, desejou ardentemente ficar com aquela bola oficial, número 5, brilhando de nova.

Chegou perto da árvore e começou a dizer:

— Mas que belo pássaro, que cor magnífica! E suas plumas! Parecem feitas de seda!

O corvo, inchado de orgulho, disse:

— Rruhhummanhnhumnn.

A raposa, percebendo que ele, com aquela enorme bola no bico, não falaria coisa com coisa, continuou a bajulação:

— Que ave portentosa! Deve estar no escudo de algum clube, com certeza. E acho que sua voz deve combinar com tanta beleza.

O corvo, gostando dos elogios, agradeceu:

— Rruhhummanhnhumnn.

— O que disse o belo pássaro? Não consegui entender — emendou a raposa.

E o trouxa do corvo, se achando o rei da cocada preta, abriu o bico pra cantar:

— Cró, cró, cró...

A bola caiu, ficou quicando no chão, até ser agarrada pela raposa, que, antes de sair correndo, disse:

— Voz o senhor tem. O que deve faltar é esperteza...

MORAL DA HISTÓRIA: Cuidado com quem muito elogia ou você perde a bola.

(Alcy e José Santos. *Almanaque da bola*. São Paulo: Formato, 2013. p. 10-11.)

17 No trecho "— Mas que belo pássaro, que cor magnífica! E suas plumas! Parecem feitas de seda!", os pontos de exclamação transmitem a impressão de:

a) nervosismo.

b) entusiasmo.

c) tristeza.

d) alegria.

18 Na frase "— O que disse o belo pássaro?", o ponto de interrogação expressa:

a) ênfase.

b) dúvida.

c) exclamação.

d) interesse.

19 Observe o uso das reticências nestas situações:

I. "Cró, cró, cró..."
II. "Voz o senhor tem. O que deve faltar é esperteza..."

As reticências indicam:

a) dúvida, na situação I; na situação II, surpresa diante da falta de esperteza da raposa.

b) continuidade do canto, na situação I; na situação II, dúvida quanto à insegurança da raposa.

c) continuidade do canto, na situação I; na situação II, suspensão da fala para reforçar a ideia de falta de esperteza da raposa.

d) interrupção da fala na situação I; na situação II, interrupção da fala diante da reação furiosa da raposa.

20 A expressão **o rei da cocada preta** dá a entender que o corvo ficou:

a) alegre.

b) convencido.

c) decepcionado.

d) tristonho.

21 As narrativas em geral apresentam um conflito, ou seja, algo que o personagem central deseja alcançar ou precisa superar, e é esse desejo que faz a história acontecer. Na fábula lida, o conflito da narrativa é:

a) a raposa desejava ser a mascote do clube.

b) o corvo queria ocupar o lugar da raposa de mascote do clube.

c) a raposa queria a bola de couro que o corvo havia pegado com o bico.

d) o corvo queria muito para si a bola que pertencia à raposa.

22 Marque a alternativa correta sobre as falas dos personagens:

a) As falas dos personagens são reproduzidas em discurso direto, atribuindo maior expressividade aos diálogos do texto.

b) As falas dos personagens são em discurso indireto, atribuindo maior expressividade aos diálogos do texto.

c) O narrador utiliza o discurso direto e o indireto para reproduzir a voz dos personagens, atribuindo maior expressividade aos diálogos.

d) Não há discurso direto nem indireto no texto; há apenas a voz do narrador.

23 Observe este trecho do texto:

> "O corvo, gostando dos elogios, **agradeceu**:
> — Rruhhummanhnhumnn.
> — O que disse o belo pássaro? Não consegui entender — **emendou** a raposa.
> E o trouxa do corvo, se achando o rei da cocada preta, abriu o bico pra cantar:
> — Cró, cró, cró..."

As formas verbais **agradeceu** e **emendou** cumprem, no texto, o papel de:

a) descrever o modo como os personagens falam.

b) mostrar o modo como o narrador fala.

c) descrever as ações que estavam acontecendo na história.

d) indicar a fala dos personagens.

24 O texto lido é uma fábula adaptada para os tempos modernos. Uma fábula normalmente tem a finalidade de:

a) alertar sobre problemas sociais.

b) mostrar como vivem os animais.

c) transmitir um ensinamento.

d) explicar como são os animais, como se reproduzem, etc.

25 Releia a frase que expressa a moral da fábula:

> "Cuidado com quem muito elogia ou você perde a bola."

No contexto, a expressão **você perde a bola** tem o sentido de:

a) você perde a partida de futebol.

b) roubam a bola de você.

c) você se dá mal.

d) você perde a confiança.

Situações inusitadas...

A vida costuma seguir seu curso normalmente, com fatos e ações rotineiros: ir para a escola, assistir às aulas, fazer lição, brincar com os colegas, comer, conversar com os pais, dormir... Mas às vezes ela surpreende! Você já passou por alguma situação inusitada, algo fora do comum que você nunca esperou?

Leia o texto a seguir.

Cão! Cão! Cão!

Jean Galvão/Arquivo da editora

Abriu a porta e viu o amigo que há tanto não via. Estranhou apenas que ele, amigo, viesse acompanhado por um cão. Cão não muito grande, mas bastante forte, de raça indefinida, com toda efusão. "Quanto tempo!". O cão aproveitou as saudações, se embarafustou casa adentro e logo o barulho na cozinha demonstrava que ele tinha quebrado alguma coisa. O dono da casa encompridou um pouco as orelhas, o amigo visitante fez um ar de que a coisa não era com ele. "Ora, veja você, a última vez que nos vimos foi..." "Não, foi depois, na..." "E você, casou também?" O cão passou pela sala, o tempo passou pela conversa, o cão entrou pelo quarto e novo barulho de coisa quebrada. Houve um sorriso amarelo por parte do dono da casa, mas perfeita indiferença por parte do visitante. "Quem morreu definitivamente foi o tio... Você se lembra dele?" "Lembro, ora, era o que mais... não?" O cão saltou sobre um móvel, derrubou o abajur, logo trepou com as patas sujas no sofá (o tempo passando) e deixou lá as marcas digitais de sua animalidade. Os dois amigos, tensos, agora preferiam não tomar conhecimento do dogue. E, por fim, o visitante se foi. Se despediu, efusivo como chegara, e se foi. Mas ainda ia indo, quando o dono da casa perguntou: “Não vai levar o seu cão?” “Cão? Cão? Cão? Ah, não! Não é meu, não. Quando entrei, ele entrou naturalmente comigo e eu pensei que fosse seu. Não é seu, não?”

MORAL: Quando notamos certos defeitos nos amigos, devemos sempre ter uma conversa esclarecedora.

(Millôr Fernandes. *Fábulas fabulosas*. São Paulo: Nórdica, 1991. p. 102.)

1 No texto, dois amigos se encontram.

a) Além dos dois amigos, quem é o terceiro personagem da história?

____

b) Em que lugar estão?

____

c) Quanto tempo dura o encontro?

____

2 O cão adentra todos os cômodos da casa.

a) Qual é o comportamento que ele apresenta?

____

b) Como os amigos vão se sentindo, aos poucos? Por quê?

____

____

c) Identifique, no texto, um trecho que justifique sua resposta anterior.

____

3 Observe estes dois trechos do texto:

- "o tempo passou pela conversa"
- "(o tempo passando)"

Levante hipóteses:

a) Por que o narrador faz questão de enfatizar que o tempo estava passando?

____

____

____

b) Por que nenhum dos amigos tomou providências para conter o cão?

____

____

____

4 Explique o sentido da expressão **marcas digitais de sua animalidade**.

____

____

5 O que sugere a frase "E, por fim, o visitante se foi" para o dono da casa?

____

____

____

6 Qual fato gera humor na história?

____

____

7 Observe que, no final do texto, há uma **moral**, a exemplo das fábulas de Esopo, que sempre terminam com um ensinamento.

a) O texto "Cão! Cão! Cão!" pode ser considerado uma fábula moderna? Justifique sua resposta.

____

____

____

____

b) Interprete a "moral" do texto.

____

____

____

PALAVRAS EM CONTEXTO

1 Discuta com o professor e os colegas e responda: Qual é o significado, no contexto, das palavras ou expressões a seguir?

a) com toda efusão:

____

____

b) embarafustou:

____

____

c) encompridou as orelhas:

____

____

2 A quem se refere a palavra **dogue**?

____

____

3 A respeito do emprego da pontuação no texto, explique:

a) Por que a expressão **o tempo passando** está entre parênteses?

____

____

____

b) O que sugerem as reticências em frases incompletas, como:

- "Ora, veja você, a última vez que nos vimos foi..."
- "Não, foi depois, na..."

____

____

____

c) Na frase "Cão? Cão? Cão?", o que sugere a repetição do ponto de interrogação?

____

____

____

TEXTO E INTERTEXTO

Leia o texto a seguir.

› *Companheiros de viagem* (1920).

1 Na cena retratada na pintura, há um menino e um cachorro. Que objetos estão perto do menino?

____

____

2 Considerando a resposta do item anterior, levante hipóteses:

a) O que parece que o menino vai fazer?

____

____

b) Onde, provavelmente, o menino está?

____

3 Levante hipóteses: O que há no pacote que está ao lado do menino?

____

____

____

4 O menino provavelmente está sozinho ou acompanhado de outras pessoas? Justifique sua resposta com base em elementos da pintura.

____

____

____

5 Pelas características do ambiente, do sofá, da mala e das roupas do menino, você imagina que a pintura seja antiga ou atual? Justifique sua resposta.

____

____

____

____

____

6 Observe o cesto no colo do menino. Levante hipóteses:

a) De quem é o cachorro?

____

b) Por que o cachorro está no cesto?

____

____

c) Que razão teria levado o menino a colocar o cachorro no cesto?

____

____

7 Analise a expressão dos personagens e deduza:

a) O que os gestos do menino indicam?

____

____

____

b) O que o cachorro está tentando fazer? Por quê?

____

____

____

c) O que pode acontecer, caso o cão seja descoberto?

____

____

____

8 O título da pintura é *Companheiros de viagem*.

a) O que é um companheiro?

____

____

____

b) Você acha que o menino e o cachorro são companheiros? Por quê?

____

____

____

____

9 Você tem um animal de estimação? Já viajou com ele? Se sim, conte como foi a viagem e como você o transportou durante o trajeto.

10 Compare o texto de Millôr com a pintura de Rockwell.

a) O que eles têm em comum?

____

____

____

b) O que eles apresentam de diferenças?

____

____

____

Exercícios

Leia o texto a seguir e responda às questões 1 a 4.

© Eva Furnari/Acervo da artista

(Disponível em: http://www.bibliotecaevafurnari.com.br/. Acesso em: 2/3/2020.)

1 Sentada numa pedra, a bruxinha está lendo. Sua leitura é atrapalhada:

a) pelo gato.

b) pelo cachorro.

c) pela perseguição do cachorro ao gato.

d) pela nuvem.

2 No 2º e no 3º quadrinho, o olhar do gato, do cão e da bruxinha expressam, respectivamente:

a) medo, raiva, espanto.

b) raiva, tristeza, rancor.

c) alegria, raiva, medo.

d) tristeza, raiva, medo.

3 A bruxinha transformou o cachorro grande em um cachorro pequeno porque:

a) considerava mais bonitinhos os cachorros pequenos.

b) queria um amigo pequeno para o seu gato.

c) não gostava de cachorros grandes.

d) achou que o gato teria medo apenas de cachorros grandes.

4 O humor da história está no fato de:

a) o cachorro ficar menor.

b) o gato não correr.

c) o gato continuar a sentir medo do cachorrinho.

d) a bruxinha transformar o cachorro.

Leia o texto e responda às questões 5 a 10.

(Disponível em: http://presidenteprudente.sp.gov.br/site/noticias.xhtml?cod=350760. Acesso em: 2/3/2020.)

5 Pelas características do texto, pode-se dizer que ele é:

a) um anúncio publicitário com a finalidade de promover um produto.

b) um texto de campanha.

c) um aviso.

d) um texto instrucional, que ensina ao leitor como agir com cães.

6 O texto tem como finalidade principal:

a) advertir sobre os maus-tratos aos animais.

b) relatar sobre os maus-tratos aos animais.

c) descrever animais.

d) intimar pessoas que maltratam animais.

7 Em caso de o leitor presenciar maus-tratos aos animais, o texto sugere que ele:

a) converse com o agressor.

b) defenda o animal.

c) ligue para o número 156 e denuncie.

d) não se envolva com problemas alheios.

8 Segundo o texto, é crime maltratar:

a) cães.

b) cães de raça.

c) vira-latas.

d) todos os animais.

9 A expressão **É CRIME!** e a palavra **DENUNCIE** estão em vermelho para:

a) colorir o texto.

b) facilitar a leitura.

c) destacar conteúdos fundamentais da mensagem.

d) destacar o restante da mensagem, que está em preto.

10 A imagem do cão com o telefone:

a) mostra como os cães são inteligentes.

b) representa um cão adestrado.

c) incentiva a adoção de cães.

d) reforça o conteúdo verbal do texto.

Leia o texto a seguir e responda às questões 11 a 15.

Saiba como socorrer uma vítima de queimadura

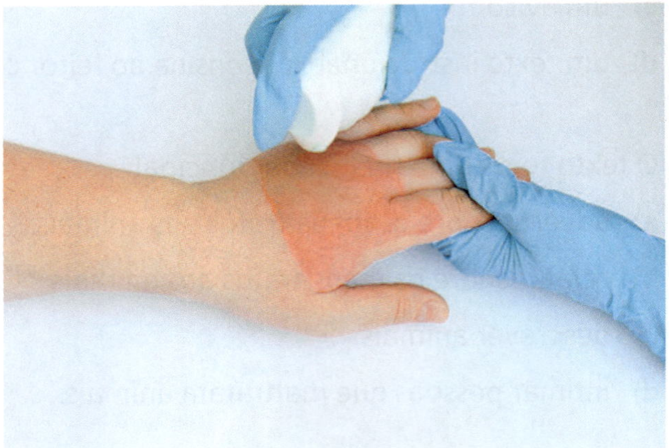

Oksana_Slepko/Shutterstock

Pessoas com queimaduras profundas podem correr sério risco de vida. Quanto maior a extensão, maiores os perigos para a vítima. Existem diferentes graus de lesão. Leve em conta que uma pessoa pode apresentar, ao mesmo tempo, queimaduras de terceiro, segundo e primeiro graus — e cada tipo de lesão pede um socorro específico.

É proibido

Passar gelo, manteiga ou qualquer coisa que não seja água fria no local, em qualquer caso. Também não se deve estourar bolhas ou tentar retirar a roupa colada à pele queimada.

O que não se deve fazer

— Passar pasta de dentes, pomadas, ovo, manteiga, óleo de cozinha. Apenas água fria é permitida. Gelo também não pode.

— Furar as bolhas.

— Retirar a pele morta.

— Arrancar a roupa grudada na área queimada.

— Apertar o ferimento.

Primeiro grau

As queimaduras deste tipo atingem apenas a epiderme, que é a camada mais superficial da pele. O local fica vermelho, um pouco inchado, e é possível que haja um pouco de dor. É considerada queimadura leve, e pede socorro médico apenas quando atinge grande extensão do corpo.

Como socorrer vítimas de queimadura de primeiro grau

1. Use água, muita água. É preciso resfriar o local. Faça isso com água corrente, um recipiente com água fria ou compressas úmidas. Não use gelo.
2. Depois de cinco minutos, quando a vítima estiver sentindo menos dor, seque o local, sem esfregar.
3. Com o cuidado de não apertar o local, faça um curativo com uma compressa limpa.
4. Em casos de queimadura de primeiro grau – e apenas nesse caso – é permitido e recomendável beber bastante água e tomar um remédio que combata a dor.

Segundo grau

Já não é superficial: epiderme e derme são atingidas. O local fica vermelho, inchado e com bolhas. Há liberação de líquidos e a dor é intensa. Se for um ferimento pequeno, é considerada queimadura leve. Nos outros casos, já é de gravidade moderada. É grave quando a queimadura de segundo grau atinge rosto, pescoço, tórax, mãos, pés, virilha e articulações, ou uma área muito extensa do corpo.

Como socorrer vítimas de queimadura de segundo grau

1. Use água, muita água. É preciso resfriar o local. Faça isso com água corrente, um recipiente com água fria ou compressas úmidas. Não use gelo.
2. Depois de cinco minutos, quando a vítima estiver sentindo menos dor, seque o local, sem esfregar.
3. Com o cuidado de não apertar o local, faça um curativo com uma compressa limpa.

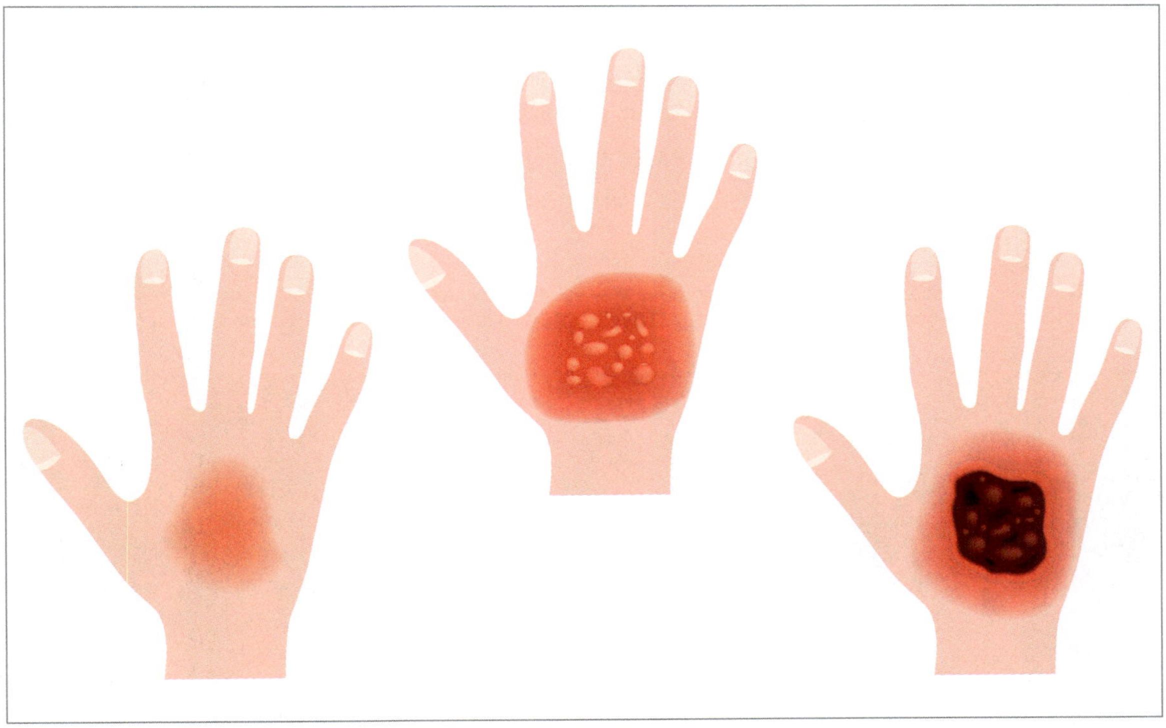

gritsalak karalak/Shutterstock

[...]

Terceiro grau

Qualquer caso de queimaduras de terceiro grau é grave: elas atingem todas as camadas da pele, podendo chegar aos músculos e ossos. Como os nervos são destruídos, não há dor — mas a vítima pode reclamar de dor devido a outras queimaduras, de primeiro e segundo grau, que tiver. A aparência deste tipo de ferimento é escura (carbonizada) ou esbranquiçada.

Como socorrer vítimas de queimadura de terceiro grau

1. Retire acessórios e roupas, porque a área afetada vai inchar. Atenção: se a roupa estiver colada à área queimada, não mexa!
2. É preciso resfriar o local. Faça isso com compressas úmidas. Não use gelo.
3. Nas queimaduras de terceiro grau pequenas (menos de cinco centímetros de diâmetro) — só nas pequenas! — você pode usar água corrente ou um recipiente com água fria. Cuidado com o jato de água – ele não deve causar dor nem arrebentar as bolhas.
4. Atenção: a pessoa com queimadura de terceiro grau pode não reclamar de dor e, por isso, se machucar ainda mais — como dizer que o jato de água não está doendo, por exemplo.
5. Se a queimadura tiver atingido grande parte do corpo, tenha o cuidado de manter a vítima aquecida.
6. Com o cuidado de não apertar o local, faça um curativo com uma compressa limpa. Em feridas em mãos e pés, evite fazer o curativo você mesmo, porque os dedos podem grudar um nos outros. Espere a chegada ao hospital.
7. Não ofereça medicamentos, alimentos ou água, pois a vítima pode precisar tomar anestesia e, para isso, estar em jejum.
8. Não perca tempo em remover a vítima ao hospital. Ela pode estar tendo dificuldades para respirar.

(Disponível em: www.terra.com.br/vida-e-estilo/saude/primeiros-socorros/saiba-como-socorrer-uma-vitima-de-queimadura,31084de585f27310VgnCLD100000bbcceb0aRCRD.html. Acesso em: 3/3/2020.)

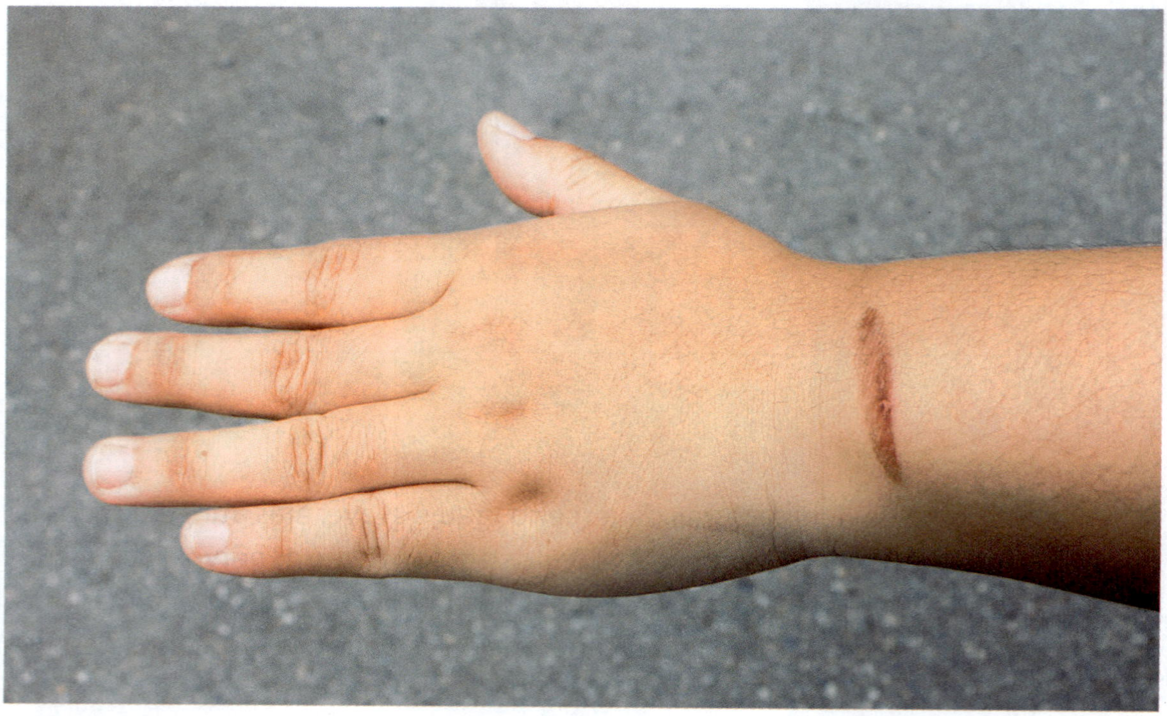

SP Vector Art/Shutterstock

11 Correm risco de vida pessoas com queimadura de:

a) primeiro e segundo graus.

b) primeiro grau.

c) terceiro grau.

d) segundo grau.

12 De acordo com o texto:

a) cada tipo de queimadura deve ter um cuidado específico.

b) o mesmo procedimento de primeiros socorros serve para todos os casos de queimadura.

c) todos os tipos de queimadura devem ter acompanhamento médico.

d) todos os tipos de queimadura devem ser aliviados com gelo.

13 Em caso de queimaduras de primeiro e segundo graus, deve-se:

a) aquecer a vítima para que ela não perca água.

b) fazer compressa com bastante gelo para resfriar o local.

c) lavar com água para resfriar o local e jamais colocar gelo.

d) colocar pasta de dente ou claras de ovos no local para evitar bolhas.

14 A queimadura de terceiro grau atinge:

a) a superfície da pele.

b) apenas a epiderme.

c) todas as camadas da pele, músculos e ossos.

d) epiderme e derme.

15 A finalidade principal do texto é:

a) explicar cientificamente como são as queimaduras.

b) entreter os leitores da revista.

c) mostrar os acidentes domésticos e sua gravidade.

d) instruir o leitor sobre como agir em casos de queimadura.

CAPÍTULO 3

Ser solidário

Você gosta de ajudar as pessoas? Doa roupas ou brinquedos que não usa mais? Cede seu lugar aos mais velhos ou a pessoas com necessidades especiais? Para você, o que é ser solidário?

Leia o texto jornalístico a seguir.

Pitbull arrasta bebê pela fralda e salva criança de incêndio

"Ela sempre foi considerada parte da família, mas agora ficou ainda mais!", disse a mãe da menina

Libortom/Getty Images

Um pitbull salvou a vida de uma bebê de apenas sete meses! O caso aconteceu em Stockton nos Estados Unidos. A pitbull Sasha nasceu com apenas alguns dias de diferença da pequena Masailah e, desde a adoção da cachorrinha, as duas sempre foram muito próximas. A pitbull até dormia no mesmo quarto que a menininha e a acompanhava em seus banhos.

E este laço entre as duas ficou ainda mais forte após um grande susto. Em um domingo no verão americano, a mãe Latana Chai relatou que começou a notar que a cadela estava agindo de um jeito estranho.

Latana e a cadela estavam do lado de fora da casa e a pitbull começou a latir pedindo para entrar. "Assim que eu abri a porta, ela subiu para o andar de cima. Foi quando eu vi que estava pegando fogo na casa do vizinho e o incêndio estava se alastrando para a minha casa!", relatou a mãe em entrevista ao canal americano ABC.

A mãe então partiu direto para o quarto de sua bebê, Masailah. E quando chegou ao local ela se deparou com a cachorra da família puxando a pequena pela fralda na tentativa de tirá-la do berço o mais rápido possível. “Eu me deparei com a Sasha puxando a Masailah pela fralda, tentando levá-la para um lugar seguro”, contou a mãe.

Gary S Chapman/Getty Images

Latana então pegou sua filha e a pitbull e elas saíram da casa. Ninguém se feriu. A família acredita que a pitbull é uma heroína, já que o fato dela ter latido e alertado sobre o incêndio permitiu que todos pudessem ser retirados rapidamente da casa e ficassem a salvo. “Ela sempre foi considerada parte da família, mas agora ficou ainda mais!”, concluiu a mãe.

(Disponível em: www.topmidianews.com.br/algo-mais/pitbull-arrasta-bebe-pela-fralda-e-a-salva-crianca-de-incendio/107802/. Acesso em: 2/3/2020.)

1 O texto narra um fato que aconteceu e chegou à imprensa.

a) Qual é esse fato?

____

b) Onde ocorreu o fato?

____

c) Quando aconteceu o fato?

____

____

d) Como era a relação do animal com a criança e com a família?

____

____

2 O texto faz referência a um susto que a família teve num domingo.

a) O que chamou a atenção de Latana, a mãe do bebê?

b) O que Latana descobriu que estava ocorrendo?

c) Como a *pit bull* agiu dentro da casa?

d) Houve alguma consequência negativa nesse episódio?

3 Por que a *pit bull* foi considerada heroína pela família?

4 Que sentimento esse fato gerou entre os familiares em relação à *pit bull*?

5 Observe o título do texto:

Pitbull arrasta bebê pela fralda e salva criança de incêndio

a) Quem, na verdade, retirou o bebê do berço?

___

b) Discuta com os colegas: As informações do título do texto são mentirosas ou verdadeiras?

c) Do modo como o título está redigido, o que ele ressalta mais?

___

d) Levante hipóteses: Com que finalidade o jornal teria optado por essa redação?

___

___

___

PALAVRAS EM CONTEXTO

1 Observe estas frases do texto:

- "Assim que eu abri a porta, ela subiu para o andar de cima. Foi quando eu vi que estava pegando fogo na casa do vizinho e o incêndio estava se alastrando para a minha casa!"
- "Eu me deparei com a Sasha puxando a Masailah pela fralda, tentando levá-la para um lugar seguro."

a) Por que as frases estão entre aspas?

___

___

b) O que indica o ponto de exclamação no final da primeira frase?

___

___

c) Na segunda frase, a quem se refere o pronome **la**, em **levá-la**?

____

2 No primeiro parágrafo do texto, o repórter se refere ao animal como um *pit bull* e, depois, como **a pitbull Sasha**. Que diferença de sentido há entre essas expressões?

TEXTO E INTERTEXTO

Leia o texto a seguir.

Homem salva menino de 5 anos de ataque de pitbull no Rio de Janeiro

Um homem tem sido chamado de herói desde a última quinta-feira depois de salvar um menino de 5 anos de um ataque de pitbull na Zona Norte do Rio de Janeiro. Patrick do Céu contou que, ao ver o menino sendo atacado, só conseguiu pensar na sua filha e por isso agiu tão rápido.

Imagens de câmeras de segurança mostram a criança passando com a babá quando o cachorro começa a atacar. A mulher tenta afastar o cão, mas sem sucesso. Patrick então entra em cena e começa a lutar para que o pitbull soltasse a criança.

Quando finalmente conseguiu afastar o cachorro do menino, Patrick o colocou em cima de um carro. O cão então voltou os ataques a ele e ele próprio subiu no veículo para fugir.

Ao jornal "Extra" ele contou que não teve esta atitude para ser chamado de herói e sim porque lembrou de sua filhinha. "Não sou herói, longe disso. Quando vi o que estava acontecendo, só consegui pensar na Lara. Fiz por aquele menino o que eu faria por ela. Não pensei em mim em nenhum momento, só queria fazer com que ele ficasse seguro. Agi por instinto".

Aneta Jungerova/Shutterstock

Segundo ele, o cão não é de ninguém da vizinhança e apareceu naquele mesmo dia do ataque. "Quando ele chegou eu nem queria que ele ficasse por perto, porque sei que o pitbull pode ser perigoso. Mas depois dei água, ração e carinho porque achei que algum dono poderia estar procurando por ele. Quando ele se agitou ao ver a criança, pedi pra todo mundo tentar não demonstrar medo, mas ele avançou. Foi quando corri pra fazer alguma coisa."

O animal foi levado pelo Corpo de Bombeiros e o dono ainda não foi identificado. Patrick, a babá e a criança foram ao hospital para tratar os ferimentos do ataque. De acordo com o "Extra", o menino teve ferimentos em várias partes do corpo e levou cinco pontos no pescoço, a babá ficou com um machucado no braço por conta da queda e Patrick levou um ponto na mão, e teve ferimentos nas pernas e braços, causados pelas mordidas.

(Disponível em:https://noticias.uol.com.br/cotidiano/ultimas-noticias/2019/12/23/homem-salva-menino-de-5-anos-de-ataque-de-pitbull-no-rio-de-janeiro.htm. Acesso em: 29/2/2020.)

1 O texto lido é:

a) uma notícia sobre o salvamento de uma criança, que estava sendo mordida por um cão.

b) uma reportagem sobre o comportamento dos cães.

c) uma entrevista com o homem que salvou uma criança de um *pit bull*.

d) um artigo de opinião que critica a criação de cães violentos.

2 A respeito do fato mencionado pelo texto, responda:

a) Onde ele aconteceu?

____

____

b) Quando aconteceu?

____

____

c) Como ocorreu?

____

____

3 De quem era o cão?

____

____

4 Em relação a Patrick do Céu:

a) Ele conhecia o animal?

____

b) O que o estimulou a enfrentar o cão e salvar a criança do ataque?

____

____

____

c) De que forma ele conseguiu deixar a criança a salvo e se desvencilhar do cão?

____

____

____

5 Quais foram as consequências desse ataque do *pit bull* para as vítimas?

____

____

____

6 Compare o texto “Pitbull arrasta bebê pela fralda e salva criança de incêndio”, do início do capítulo, com o texto que acabou de ler e responda:

a) O que há de comum entre eles?

____

____

b) O que há de diferença entre eles?

____

____

____

7 Discuta com o professor e os colegas. Por que alguns animais, como os *pit bulls* dos dois textos, se tornam agressivos e outros não?

ANURAK PONGPATIMET/Shutterstock

Exercícios

Leia a tira:

© Armandinho, de Alexandre Beck/Acervo do cartunista

(Disponível em: https://tirasarmandinho.tumblr.com/. Acesso em: 2/3/2020.)

1 Considerando o contexto e as roupas que Armandinho está usando, podemos deduzir que, provavelmente, é:

a) inverno.

b) verão.

c) primavera.

d) outono.

2 Pela fala do pai, no primeiro quadrinho, é possível perceber que ele:

a) acha que o menino está exagerando na doação de roupas.

b) ainda não tinha percebido a intenção do filho de doar as roupas.

c) não gosta de frio nem de excesso de roupas.

d) fica irritado com o egoísmo do filho.

© Armandinho, de Alexandre Beck/Acervo do cartunista

3 A atitude de Armandinho demonstra:

a) egoísmo.

b) indiferença.

c) solidariedade.

d) amizade.

Leia o texto de campanha a seguir e responda às questões 4 a 9.

Prefeitura de Suzano
@presuzano

Gente! Começou a campanha "Tigela Cheia", que tem o intuito de arrecadar ração para cães e gatos atendidos por ONGs. As doações devem ser feitas na sede do Fundo Social, que fica no segundo andar do Paço Municipal (rua Baruel, 501, Centro). 🐱🐶

2:07 PM · Feb 19, 2019 · Twitter Web Client

5 Retweets 10 Curtidas

2 5 10

(Disponível em: https://twitter.com/presuzano/status/1092490488521900032. Acesso em: 3/3/2020.)

4 A finalidade da campanha é:

a) ajudar a Prefeitura de Suzano.

b) acolher cães e gatos.

c) ajudar as ONGs (organizações não governamentais) a alimentar os animais que foram acolhidos.

d) informar sobre campanhas da Prefeitura de Suzano.

5 O texto da campanha foi postado numa rede social (Twitter) porque:

a) pode ter muitas visualizações e, assim, ganhar mais apoio.

b) é um meio seguro de comunicação.

c) as pessoas podem ficar mais sensibilizadas.

d) é o melhor suporte para campanhas de cães e gatos.

6 A imagem dos animais e da tigela vazia sugere um pedido de:

a) amizade.
b) limpeza.
c) confiança.
d) ajuda.

7 A frase “Eles precisam de você” se dirige:

a) a pessoas que gostam de cães e gatos.
b) exclusivamente a pessoas que moram na cidade de Suzano.
c) a qualquer pessoa que possa e queira ajudar.
d) a pessoas que participam de redes sociais.

8 Para uma postagem no Twitter, as curtidas até aquele momento foram:

a) poucas.
b) muitas.
c) satisfatórias.
d) exageradas.

9 O nome da campanha, “Tigela cheia”, sugere:

a) falta de alimento para os animais.
b) excesso de alimentos para os animais.
c) pouco alimento para os animais.
d) a necessidade de alimentar os animais.

Leia a fábula a seguir e responda às questões 10 a 14.

A cigarra e as formigas

I – A formiga boa

Houve uma jovem cigarra que tinha o costume de chiar ao pé dum formigueiro. Só parava quando cansadinha; e seu divertimento então era observar as formigas na eterna faina de abastecer as tulhas. Mas o bom tempo afinal passou e vieram as chuvas. Os animais todos, arrepiados, passavam o dia cochilando nas tocas. A pobre cigarra, sem abrigo em seu galhinho seco e metida em grandes apuros, deliberou socorrer-se de alguém. Manquitolando, com uma asa a arrastar, lá se dirigiu para o formigueiro. Bateu — tique, tique, tique...

Biry Sarkis/Arquivo da editora

Aparece uma formiga, friorenta, embrulhada num xalinho de paina.

— Que quer? — perguntou, examinando a triste mendiga suja de lama e a tossir.

— Venho em busca de um agasalho. O mau tempo não cessa e eu...

A formiga olhou-a de alto a baixo.

— E o que fez durante o bom tempo, que não construiu sua casa?

A pobre cigarra, toda tremendo, respondeu depois de um acesso de tosse:

— Eu cantava, bem sabe...

— Ah!... exclamou a formiga recordando-se. Era você então quem cantava nessa árvore enquanto nós labutávamos para encher as tulhas?

— Isso mesmo, era eu...

— Pois entre, amiguinha! Nunca poderemos esquecer as boas horas que sua cantoria nos proporcionou. Aquele chiado nos distraía e aliviava o trabalho. Dizíamos sempre: que felicidade ter como vizinha tão gentil cantora! Entre, amiga, que aqui terá cama e mesa durante todo o mau tempo.

A cigarra entrou, sarou da tosse e voltou a ser a alegre cantora dos dias de sol.

(Monteiro Lobato. *Fábulas*. São Paulo: Globo, 2011. p. 12.)

tulha: recipiente; terreno onde se secam frutos após a colheita.

10 Enquanto as formigas trabalhavam, a cigarra:

a) dormia em um galho de árvore.

b) cantava para alegrar o ambiente.

c) trabalhava junto com as formigas.

d) brigava com as formigas.

11 O conflito da narrativa é:

a) a cigarra adora cantar.

b) as formigas adoram trabalhar.

c) a cigarra não tem como se abrigar do frio, pois não se preparou para o inverno, por isso precisa de ajuda.

d) as formigas não querem ajudar porque não acham justo ajudar quem não trabalhou.

12 A cigarra não se preparou para o mau tempo porque:

a) só se dedicava a cantar.

b) era muito preguiçosa.

c) estava cansada.

d) dormia muito.

13 Quando procurada pela cigarra, a formiga teve uma atitude:

a) mesquinha.

b) agressiva.

c) indiferente.

d) solidária.

14 A versão que Monteiro Lobato deu à fábula é diferente da versão tradicional de Esopo. Na versão de Esopo:

a) as formigas recebem bem a cigarra e lhe dão casa e comida.

b) as formigas fazem a cigarra trabalhar para pagar a comida.

c) as formigas negam ajuda à cigarra.

d) as formigas inicialmente negam ajuda à cigarra, mas depois se arrependem.

Leia o texto a seguir e responda às questões 15 a 19.

(Disponível em: www.toopics.com/p/2225465796388714805. Acesso em: 3/3/2020.)

15 Pelas características do texto, pode-se concluir que se trata de:

a) uma propaganda.
b) um cartaz educativo.
c) um folheto explicativo.
d) um panfleto.

16 As imagens representam pessoas:

a) que demonstram a gentileza.
b) carentes de gentileza.
c) que praticam gentileza.
d) que precisam de cuidados especiais e gentileza.

17 A frase "Gentileza gera gentileza":

a) orienta as pessoas sobre como serem educadas.
b) demonstra, com instruções, de que modo se pode ser gentil.
c) mostra que, quando somos gentis com outras pessoas, também somos mais bem tratados.
d) retrata ações que não são gentis.

18 O texto circula em:

a) residências.
b) lugares públicos.
c) somente em hotéis.
d) em praças e avenidas.

19 O cartaz se dirige:

a) a todas as pessoas que precisam de cuidados especiais.
b) a todas as pessoas.
c) em especial, aos jovens.
d) aos adultos com mais de 18 anos.

CAPÍTULO 4

Um peixe letrado

O que leva uma pessoa a capturar um animal que está em risco de extinção? O que ocorre com um animal quando ele é retirado de seu *habitat* e passa a viver em cativeiro?

Leia este conto, de Milton Hatoum:

Palavras de um peixe-boi

Quando eu era pequeno, gostava de brincar com os amigos nas águas do Amazonas. Um dia me desgarrei e fui sozinho para os lagos escuros do rio Negro. No fim da tarde, quando pus a cabeça para fora da água para espiar o céu... uuuuuiii!, senti uma fisgada no lombo.

— Peguei — disse um homem atarracado que segurava um arpão. Ele me levou para uma casa perto do rio e me botou num tanque de vidro.

Noite e dia eu olhava o rio e sentia saudade da família e dos amigos. Uma tarde calorenta, abri a porta do tanque, com as nadadeiras; rolei na areia, abanei a cauda e vuuuuuupt: saltei até a beira do rio. Já ia pular na água quando o homem me agarrou pela cauda e deu um cascudo tão forte que fiquei tonto. Aí ele me arrastou de volta para o tanque e ralhou: eu era um peixe-boi atrevido e fujão. Ai de mim se tentasse fugir mais uma vez!

David Martins/Arquivo da editora

Um dia, soube que o homem ia vender a casa. Por sorte, a Menina de Olhos Grandes, filha dos novos moradores, gostou de mim.

— Daqui a duas semanas faço aniversário — disse ela ao homem. — Por que não me dá este peixão de presente?

— Dou as tartarugas e os tracajás. O peixe-boi, não. O bicho sabe pular e só falta voar.

— Ele também sabe ler e escrever? – perguntou a Menina.

— Ha ha ha — gargalhou o homem. — É analfabeto. Mas podemos fazer uma aposta: no seu aniversário, você joga umas letras no tanque. Se ele conseguir formar uma frase... é todo seu. Caso contrário, preparo mil pratos deliciosos com esse corpanzil!

Gelei de tanto medo. Minha vida estava em jogo: ou ela aceitava o desafio, ou eu ia passar o resto da vida preso.

A Menina me olhou. Comecei a piscar, tentando dizer que sim, e ela entendeu!

No dia fatídico, acordei cedinho e vi um balão flutuando sobre o tanque. De repente ele espocou, despejando letrinhas coloridas. Quinze! Dançaram na água e repousaram no fundo. Comecei a juntá-las, mas não conseguia formar uma só palavra.

No meio da tarde a casa encheu de crianças. Logo depois chegou o homem da aposta. Ele olhou as letrinhas espalhadas no tanque e deu uma gargalhada de meter medo. "Estou frito", pensei.

Então apareceu a aniversariante. Durante o "Parabéns", de repente me lembrei das aulas do tambaqui, da enguia e do poraquê, meus professores de português. Juntei de novo as letrinhas e consegui compor várias palavras. Mas essas palavras formavam frases esquisitas.

Festa e dia de hoje... Dia hoje de festa e...

Aí mudei a posição das palavras, peguei um pedacinho de capim e pus um acento agudo na letra e.

Dei uma risada tão estridente que a água transbordou do tanque e jorrou pela sala. Quando as crianças e os adultos se aproximaram para ver o que tinha acontecido, leram: Hoje é dia de festa!

(In: Vários autores. *Hoje é dia de festa.* São Paulo: Companhia das Letrinhas, 2006. p. 12-13.)

espocar: estourar, pipocar.
fatídico: fatal, trágico, sinistro.
ralhar: repreender, censurar, fazer críticas.

1 O texto narra a história de um peixe-boi que habitava as águas do rio Amazonas.

a) Quem é o narrador da história, ou seja, quem conta a história?

____

b) Por que o peixe-boi foi pego em um lago, e não no rio onde vivia?

____

____

____

____

c) Onde o peixe-boi passou a viver depois de ter sido pego?

____

____

____

2 Preso, o peixe-boi se sentia solitário e com saudades da família.

David Martins/Arquivo da editora

a) O que ele fez para tentar sair daquela situação?

____

____

____

____

____

____

____

b) Por que a tentativa do peixe-boi fracassou?

3 Quando a casa do homem que capturou o peixe-boi foi vendida, a filha dos novos proprietários, a Menina de Olhos Grandes, pediu o animal como presente de aniversário.

a) Por que a venda da casa era um problema para o peixe-boi?

b) Por que na expressão **Menina de Olhos Grandes** as letras iniciais das palavras principais são maiúsculas?

c) Por que a menina pediu o peixe-boi como presente de aniversário?

d) Que motivo o homem apresentou para não dar o animal à menina?

4 O homem acabou aceitando dar o peixe-boi à menina, mas estabeleceu uma condição para isso.

a) Qual foi a condição?

____

____

____

b) Pela condição que o homem estabeleceu, conclua: Ele queria dar o peixe-boi à menina? Justifique sua resposta.

____

____

____

c) O que aconteceria com o peixe-boi caso a menina não aceitasse a condição estabelecida pelo homem?

____

____

____

5 As narrativas ficcionais normalmente apresentam um **conflito**, ou seja, algo que o protagonista (personagem principal) deseja conseguir ou um problema que precisa resolver. No conto lido, qual é o conflito ou o problema que precisa ser resolvido para que tudo termine bem?

____

____

____

6 Releia esta frase:

> "No dia fatídico, acordei cedinho e vi um balão flutuando sobre o tanque."

a) O que levou o narrador a considerar aquele dia como "**fatídico**"?

____

____

____

____

b) De que tipo era o balão que continha as letras que seriam usadas pelo peixe-boi?

____

____

____

7 Na tarde do dia do aniversário da menina, o homem, ao olhar as letrinhas espalhadas no tanque, deu uma gargalhada de meter medo.

a) Qual é a razão da gargalhada do homem?

____

____

____

b) Que pensamento do peixe-boi indica que ele estava ficando desesperado, sentindo-se incapaz de formar uma frase?

____

____

8 Em certo momento, o peixe-boi conseguiu montar palavras com as letras, mas não conseguia montar uma frase. De que forma o peixe-boi tinha adquirido algumas noções de escrita?

David Martins/Arquivo da editora

9 O peixe-boi conseguiu formar a frase "Hoje é dia de festa!". Explique o sentido dessa frase:

a) para o peixe-boi.

b) para a menina.

10 Você acha que a Menina de Olhos Grandes manterá o peixe-boi no cativeiro ou vai soltá-lo?

PALAVRAS EM CONTEXTO

1 Releia este trecho do texto:

"Já ia pular na água quando o homem me agarrou pela cauda e deu um cascudo tão forte que fiquei tonto."

a) Em português, há as palavras **calda** e **cauda**. Associe cada uma dessas palavras ao seu sentido.

• cauda	• líquido espesso feito com água e açúcar
• calda	• parte posterior de certos animais; conjunto das penas da parte posterior do corpo das aves; parte traseira de um avião

b) A palavra **cascudo** pode ter vários sentidos. Veja alguns deles:

- aquele que tem casca grossa
- pancada, bordoada
- tipo de peixe
- árvore

Qual é o sentido dessa palavra no trecho destacado?

____

2 Há no texto algumas onomatopeias, ou seja, palavras ou expressões que imitam sons e sugerem algum significado. O que sugerem as expressões abaixo?

a) uuuuuiii

____

____

b) vuuuuuupt

____

3 O homem diz à menina:

"Se ele conseguir formar uma frase... é todo seu. Caso contrário, preparo mil pratos deliciosos com esse **corpanzil**!"

Corpanzil é aumentativo da palavra **corpo**, assim como **corpão**. Esta última forma é o aumentativo de **corpo** mais conhecido e popular, e **corpanzil** é uma forma culta. Troque ideias com os colegas e tente descobrir as formas aumentativas cultas de:

a) boca ______

b) cabeça ______

c) homem ______

d) mão ______

4 No trecho "No dia fatídico, acordei cedinho e vi um balão flutuando", qual é o efeito de sentido resultante do emprego do diminutivo **cedinho**?

______

TEXTO E INTERTEXTO

Leia este texto:

Qualquer vida é muita dentro da floresta.
Se a gente olha de cima, parece tudo parado.
Mas por dentro é diferente.
A floresta está sempre em movimento.
Há uma vida dentro dela que se transforma
sem parar.
Vem o vento.
Vem a chuva.
Caem as folhas.

Biry Sarkis/Arquivo da editora

E nascem novas folhas.
Das flores saem os frutos.
E os frutos são alimento.
Os pássaros deixam cair as sementes.
Das sementes nascem novas árvores.
As luzes dos vaga-lumes são estrelas na terra.
E com o sol vem o dia.
Esquenta a mata.
Ilumina as folhas.
Tudo tem cor e movimento.

(Índios Ticuna. Qualquer vida é muita dentro da floresta. In: *O livro das árvores*. 2. ed. Organização Geral dos Professores Ticuna Bilíngues, 1998. p. 48.)

Biry Sarkis/Arquivo da editora

1 Observe estes versos do poema:

"E nascem novas folhas.
Das flores saem os frutos.
E os frutos são alimento".

a) Que sons se repetem nesses versos?

____

b) Retire do poema outro trecho em que haja a repetição de um mesmo som.

____

____

____

c) A repetição desses sons causa qual efeito de sentido no texto?

____

____

____

2 No trecho “Há uma vida dentro **dela** que se transforma sem parar”, a palavra destacada refere-se a quem?

____

3 Observe a estrutura do poema.

a) Quantas estrofes tem o poema?

____

b) O poema apresenta rimas no final dos versos?

____

4 O que se pode entender com o verso: “A floresta está sempre em movimento”?

____

____

5 Ao final do poema, observe o nome do autor e a obra em que foi publicado.

a) Quem escreveu o poema?

____

b) Por que a visão deles sobre a floresta é importante?

____

____

____

6 Compare os textos “Palavras de um peixe-boi” e “Qualquer vida é muita dentro da floresta”. Em que aspectos eles apresentam semelhanças?

____

____

Exercícios

Leia o cartum a seguir e responda às questões 1 a 4.

© Léo Valença/Acervo do cartunista

(Disponível em: http://busca.uol.com.br/imagem/?q=mamae+quando+você+era+pequena+cartuns+2013&start=100. Acesso em: 22/7/2014.)

1 Na fala da tartaruguinha, o termo que se refere à palavra **mamãe** é:

a) quando.

b) pequena.

c) você.

d) já.

2 Na fala da tartaruguinha, está subentendido o termo:

a) o ambiente.

b) era pequena.

c) era inteiro.

d) já era.

3 O tema do cartum é:

a) o preconceito.

b) o meio ambiente.

c) a vida das tartarugas.

d) o lixo.

4 O humor do cartum está:

a) no lixo que aparece na ilustração.

b) na expressão da tartaruga maior.

c) no sentido duplo da palavra **meio**.

d) na expressão do filhote.

Leia o texto a seguir e responda às questões 5 a 11.

(Disponível em: http://souagro.com.br/wp-content/uploads/2011/08/chic_hq_peq_23.jpg. Acesso em: 2/3/2020.)

5 O narrador da história, isto é, quem conta a história, é:

a) o menino de calça azul.
b) a dona do pássaro.
c) um amigo do menino de chapéu.
d) alguém não identificado.

6 Em "O gozado é qui, quando **ele** passou", o termo em destaque refere-se:

a) aos amigos.
b) ao narrador.
c) ao pássaro.
d) à menina.

7 A expressão **a minina mais linda do mundo** é retomada pela palavra:

a) ela.
b) mim.
c) oiô.
d) pra.

8 Quando o narrador diz "mais o qui eu incontrei foi muito mió...", ele quer dizer que encontrou algo melhor do que:

a) os amigos.
b) o pássaro.
c) a menina.
d) o tesouro.

9 A linguagem empregada pelo narrador:

a) é tipicamente urbana.
b) é tipicamente coloquial.
c) é tipicamente rural.
d) apresenta muitas gírias.

10 O tema do texto é:

a) as aves brasileiras.
b) o meio ambiente.
c) a infância.
d) a descoberta do amor.

11 O quadro em que aparece a menina com o pássaro é maior que os outros. O efeito de sentido desse tratamento gráfico:

a) expressa o sentimento do menino pelo pássaro.

b) demonstra o quanto o menino ficou deslumbrado com a beleza da menina.

c) expressa o sentimento da menina pelo pássaro.

d) demonstra que a menina é grande.

Leia o texto a seguir e responda às questões 12 a 14.

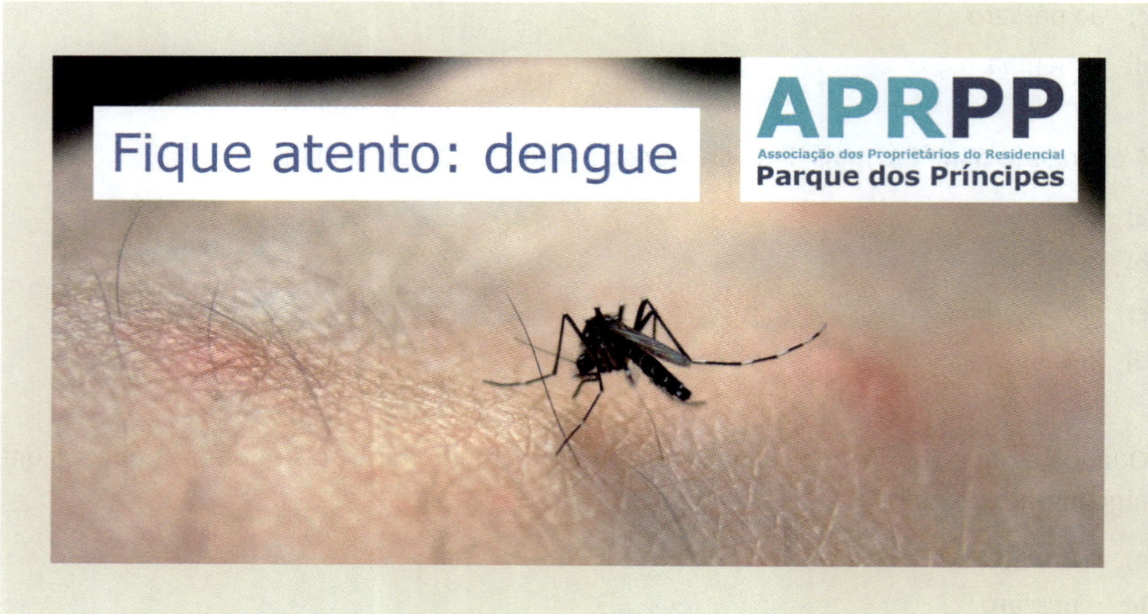

Foto: Thinkstock Getty Images/ APRPP

O Estado de São Paulo está passando por uma situação delicada em relação à dengue. A cidade de São Paulo, especialmente, tem registrado índices cada vez maiores da doença, especialmente na Zona Oeste, onde está localizado o Parque dos Príncipes.

No dia 3 de abril enviamos um primeiro comunicado falando sobre esta situação e mostrando a importância da prevenção para evitar a propagação da doença.

De lá para cá a APRPP adotou diversas ações nesse sentido, dentre as quais:

- Entrega aos moradores de *folders* com orientações sobre a prevenção da dengue – Material da Supervisão de Vigilância em Saúde do Butantã.
- Envio de *newsletter* sobre a dengue.
- Contato com proprietários de imóveis em construção com piscina.
- Contato com moradores cujas piscinas demandavam tratamento.
- Solicitação junto à Prefeitura para visita a local de risco na Praça Gerta de Dannemberg.

- Novas informações e orientações para a prevenção da dengue na 1ª edição da revista *Folha do Parque* prevista para maio.

  Ainda hoje (5/5) será realizada uma fumigação (termonebulização) em áreas específicas do Parque que demonstram mais incidência da doença.

  Este trabalho é realizado por empresa especializada e seguindo todas as normas e exigências para respeito aos funcionários, meio ambiente e os moradores do residencial.

  Em caso de dúvida, fique à vontade para entrar em contato com a APRPP.

12 Releia estes trechos:

> "O Estado de São Paulo está passando por uma situação delicada em relação à dengue."
>
> "A cidade de São Paulo, especialmente, tem registrado índices cada vez maiores da doença, especialmente na Zona Oeste, onde está localizado o Parque dos Príncipes."

Esses trechos expressam:

a) fato e opinião, respectivamente.

b) opinião e fato, respectivamente.

c) fato.

d) opinião.

13 A imagem utilizada no texto tem o objetivo de:

a) expressar a principal informação da campanha.

b) deixar o texto mais leve.

c) reforçar a informação, mostrando o inseto causador da dengue.

d) chamar a atenção do leitor para o problema da presença dos insetos nas residências.

14 O texto tem como finalidade:

a) descrever o problema da dengue em São Paulo.

b) comunicar que há dengue no Estado.

c) alertar os moradores do Parque dos Príncipes sobre a doença provocada pelo mosquito da dengue e informá-los de medidas de prevenção tomadas pela APRPP.

d) conscientizar os moradores do Parque dos Príncipes sobre a quantidade de insetos existentes no bairro.

Leia o texto a seguir.

As cidades

roevin/Getty Images

Grande parte da nossa civilização vive, hoje, nas cidades. Mas nem sempre foi assim.

Nos tempos antigos, há cerca de dez mil anos, os povos não se fixavam muito tempo em um único lugar. Viviam andando de um lugar para outro, caçando, colhendo o que a natureza oferecia, carregando pouca coisa e habitando em abrigos temporários.

Com o passar do tempo, os povos foram se fixando por mais tempo em um lugar. Erguiam abrigos melhores, caçavam e, sobretudo, plantavam e colhiam. Lentamente, mas de forma ininterrupta, os povoados, as vilas e as pequenas cidades foram aparecendo. E crescendo.

Hoje, a aglomeração dos homens nas cidades é muito grande. [...]

As cidades foram crescendo, atraindo mais e mais moradores. Grandes cidades e metrópoles existem em todos os países. Curitiba, Porto Alegre, Belo Horizonte, Campinas e Ribeirão Preto são algumas das grandes cidades do Brasil. São Paulo e Rio de Janeiro são metrópoles.

Viver em grandes cidades e metrópoles é muito difícil. A pobreza, o desemprego, a baixa qualidade de saúde e educação pública, a má conservação das ruas e da iluminação, a violência, tudo isso impõe à população pesados sacrifícios.

Por razões dessa natureza é que precisamos cada vez mais participar da vida de nossa cidade, sugerir mudanças, cobrar dos administradores o uso correto do dinheiro público. Direitos e deveres respeitados por todos.

Vivemos juntos em cidades e juntos devemos resolver nossos problemas.

(Edson Gabriel Garcia. *Vivemos juntos – De olho nos direitos e deveres*. São Paulo: FTD, 2001. p. 9.)

15 No texto, o trecho "Vivemos juntos em cidades e juntos devemos resolver nossos problemas" expressa:

a) uma opinião a respeito de como os problemas da cidade podem ser resolvidos.

b) o desejo da maioria da população sobre como os problemas devem ser solucionados.

c) um comentário do autor sobre os problemas das cidades grandes.

d) um fato concreto sobre os problemas das metrópoles.

16 O trecho "Nos tempos antigos, há cerca de dez mil anos, os povos não se fixavam muito tempo em um único lugar" expressa:

a) uma opinião sobre como viviam os povos na Antiguidade.

b) um julgamento sobre o modo de vida dos povos antigos.

c) um fato real, documentado, a respeito de como viviam os povos há cerca de dez mil anos.

d) uma opinião do autor sobre a qualidade de vida dos povos há cerca de dez mil anos.

17 Entre os seguintes trechos do texto, qual expressa uma opinião?

a) "Viviam andando de um lugar para outro, caçando, colhendo o que a natureza oferecia, carregando pouca coisa e habitando em abrigos temporários."

b) "Grandes cidades e metrópoles existem em todos os países."

c) "Viver em grandes cidades e metrópoles é muito difícil."

d) "Curitiba, Porto Alegre, Belo Horizonte, Campinas e Ribeirão Preto são algumas das grandes cidades do Brasil. São Paulo e Rio de Janeiro são metrópoles."

18 Entre os seguintes trechos do texto, o que expressa um fato é:

a) "A pobreza, o desemprego, a baixa qualidade de saúde e educação pública, a má conservação das ruas e da iluminação, a violência, tudo isso impõe à população pesados sacrifícios."

b) "Por razões dessa natureza é que precisamos cada vez mais participar da vida de nossa cidade, sugerir mudanças, cobrar dos administradores o uso correto do dinheiro público."

c) "As cidades foram crescendo, atraindo mais e mais moradores."

d) "[...] e juntos devemos resolver nossos problemas."

Leia o texto:

João Prudente/Pulsar Imagens

Zooparque Itatiba

Em uma área de 500 mil m convivem mais de mil animais, como papagaios, águias, tucanos, avestruzes, tigres, rinocerontes, macacos, hipopótamos, antílopes, lobos, lontras, jacarés e rinocerontes. Tem uma seleção dos animais mais representativos do mundo todo em recintos que reproduzem seu habitat natural.

Onde: Zooparque Itatiba (Rod. Dom Pedro 1º, km 95,5, Sítio Paraíso das Aves, Itatiba-SP); tel: 11 5034 2728; www.zooparque.com.br

***ATENÇÃO: Para informações sobre horários e preços de ingressos, consulte o local.**

(Disponível em: http://criancas.uol.com.br/album/passeios_zoo_album.jhtm. Acesso em: 10/2/2020.)

19 O texto lido apresenta:

a) opiniões sobre a qualidade do Zooparque Itatiba.

b) informações sobre a preservação do meio ambiente.

c) informações sobre o Zooparque Itatiba.

d) opiniões sobre a vida de animais em parques.

20 O texto tem a finalidade de:

a) descrever o Parque Itatiba para os visitantes do local.

b) estimular os leitores a visitar o Parque Itatiba, além de informar sobre o local.

c) alertar os leitores sobre o problema da extinção de animais.

d) informar os leitores sobre os zooparques existentes na cidade de Itatiba.

Quando vamos a um zoológico, é comum encontrarmos nos cartazes informativos a palavra *habitat*. Leia o texto a seguir e responda às questões 21 a 25.

habitat
['abitat]
sm sing e pl
ECOL
1 Meio em que um organismo se desenvolve.
2 Conjunto de aspectos físicos e geográficos que proporcionam condições favoráveis ao desenvolvimento de certo animal ou vegetal.
3 Ambiente que se caracteriza por um conjunto de aspectos bióticos e abióticos integrados.
4 Organização e ocupação pelo homem do meio em que vive.
5 Lugar onde algo ou alguém se instala por sentir que é seu ambiente ideal: "*Dentro da cozinha ele está no seu habitat, e isso é fácil constatar enquanto ele tempera, corta, cheira, flamba, se envolve e revela segredos, seus e das receitas*" (RN).
INFORMAÇÕES COMPLEMENTARES
VAR: *hábitat*.
ETIMOLOGIA
lat.

(Disponível em: http://michaelis.uol.com.br/busca?id=y0o5. Acesso em: 2/3/2020.)

21 Pelas características formais do texto, percebe-se que se trata de:

a) um folheto informativo.

b) uma bula de remédio.

c) um verbete de dicionário.

d) um abaixo-assinado.

22 A forma **['abitat]**, escrita abaixo do vocábulo, demonstra:

a) como se deve pronunciar a palavra pesquisada.

b) como não se deve escrever a palavra pesquisada.

c) uma variedade do modo de falar a palavra.

d) a pronúncia em inglês da palavra.

23 Os itens 1 a 5 do texto informam:

a) os sentidos que a palavra pode expressar, dependendo do contexto.

b) todos os significados, independentemente do contexto.

c) opiniões a respeito da palavra.

d) dados complementares sobre a palavra.

24 A forma **ECOL** significa que a palavra:

a) pertence ao universo escolar.

b) tem origem no latim.

c) é um termo da língua inglesa.

d) pertence ao universo ecológico.

25 As siglas **sm sing** e **pl** indicam que a palavra é:

a) simples, masculina e pode ser usada tanto no singular quanto no plural.

b) um substantivo masculino e pode ser usada no singular e no plural.

c) singular feminina e não pode ser usada no singular.

d) sentença feminina e pode ser usada no singular ou no plural.

CAPÍTULO 5

A arte da palavra

O que leva alguém a se tornar escritor? Como é que se publica um livro de histórias para crianças? As crianças brasileiras gostam de ler? Será que a internet atrapalha o hábito da leitura de livros? O livro impresso vai acabar?

Leia, a seguir, uma entrevista dada pela escritora Ruth Rocha.

Haroldo Junior/Futura Press

O que a motivou a escrever para crianças? Como foi o início da sua carreira?

A minha carreira começou com a revista *Recreio*, na qual publiquei alguns textos a convite da Editora Abril. Meus primeiros livros, publicados em 1976, foram todos escritos a partir de 1969 e alguns foram previamente editados pela revista. Naquele período, publiquei treze livros em menos de um ano. Eles eram vendidos em bancas e as tiragens eram muito grandes. Meu primeiro livro, *Palavras, Muitas Palavras*, saiu com 35 mil exemplares, e *Marcelo, Marmelo, Martelo*, 20 mil.

A linguagem usada na sua obra é muito peculiar. Como foi o processo de desenvolvimento?

Eu atribuo a linguagem que utilizo a dois fatores. Um deles é o meu avô, nordestino de nascimento. Quando criança, ele me contava muitas histórias da mesma maneira que os autores nordestinos, ou seja, de uma forma muito simples, informal, recheada de músicas, brincadeiras e piadas. O outro fator é que trabalhei quinze anos como orientadora educacional, período em que tive muito contato com crianças. A minha linguagem se prende a um sentimento muito forte de solidariedade por elas. Além disso, tenho para mim que, embora as crianças passem por momentos de alegria, de riso e de graça, em outros elas sofrem injustiças, infelicidade, impotência, tristeza, castigos... Sinto que as crianças não são tão felizes como muitos pensam. Daí nasceu uma grande cumplicidade entre mim e elas. Nesse sentido, acredito que eu consiga falar com elas por meio dos meus livros. Na verdade, escrevo como quem está falando, como quem está contando histórias.

[...]

O que falta para que as pessoas passem a comprar livros em vez de brinquedos?

Falta valorização. A sociedade brasileira é pouco culta. O número de pessoas que realmente valoriza a cultura, o conhecimento, a literatura, é muito pequeno. Quer um exemplo? Nas novelas, nunca aparece uma estante. Mostra-se, isso, sim, bar com uísque. As novelas, que têm tanta penetração, quase nunca incentivam o estudo, a leitura. Então, o que há é uma desvalorização daquilo que é sério, do que é culto e inteligente.

Quais são as estratégias para a formação de um público leitor?

O nosso governo distribui mais livros do que qualquer outro país do mundo, entre didáticos e paradidáticos. Por outro lado, também já existem muitas instituições privadas que estimulam a leitura. Eu sou presidente da associação Instituto Brasil Leitor, que vai instalar cem bibliotecas, cada uma com 3.500 volumes, pela periferia de São Paulo. O projeto, financiado pelo empresariado, prevê, também, a capacitação de bibliotecárias.

As crianças de 10 anos cresceram familiarizadas com um instrumento novo: a Internet e o grande desenvolvimento tecnológico. A tecnologia é uma rival da literatura infantil?

Realmente, essas crianças têm uma oportunidade a mais que as crianças da geração anterior. Mesmo assim, eu não superestimo o mundo virtual. As pessoas

Fabio Guinalz/Fotoarena

ainda não o compreendem bem. Eu acho que o livro de referência vai acabar, sim. Por outro lado, o livro de ficção, o livro de prazer, o livro de literatura, deve ser lido no suporte tradicional. Esse formato tem quinhentos anos e ainda não se esgotou. Ninguém vai querer chegar em casa e ler um livro no computador. Por outro lado, o computador permite que outras linguagens sejam empregadas, mas elas também não substituem o livro. Tais linguagens significam diversão, conhecimento, jogo. É outra coisa, não é literatura. O Ziraldo tem uma frase de que eu gosto muito e que sintetiza bem esse sentimento. Ele diz que no livro eletrônico não se coloca uma violeta dentro.

A televisão é tida por muitos como a grande vilã no desenvolvimento intelectual das crianças, entre outros motivos porque ela as coloca em situações constrangedoras, próprias de adultos. Qual é a sua opinião sobre a programação infantil veiculada pela tevê?

Há programas bons e programas ruins. Mas é preciso deixar claro que grande parte da programação para crianças é de má qualidade. [...]. O excesso de estímulo não é adequado à sensibilidade infantil. A criança precisa de um estímulo delicado: é preciso falar baixinho com ela. Mas o vilão não é a televisão. Os pais muitas vezes ligam a tevê em programas de que eles gostam e expõem os filhos a uma violência inadequada. Isso fere a sensibilidade infantil. É claro que no processo de desenvolvimento da criança ela vai tomar contato com tudo isso, mas não é necessário massacrá-la com tanta sensualidade e violência. A televisão é um veículo maravilhoso para educação, entretenimento, cultura, mas a programação, na média, é muito ruim.

(*Revista E*, SESC-SP. Disponível em: http://tudosobreleitura.blogspot.com.br/2010/03/entrevista-ruth-rocha.html. Acesso em: 2/3/2020.)

capacitação: ato de preparar ou habilitar alguém para fazer alguma coisa.
livros de referência: livros de consulta, como dicionários, gramáticas, atlas, etc.
peculiar: próprio de algo ou alguém.
solidariedade: simpatia, compromisso, ajuda.
vilã (feminino de vilão): culpada, carrasca, aquela que prejudica alguém.

1. Ruth Rocha é uma das escritoras brasileiras mais conhecidas.

   a) Desde quando ela escreve literatura infantil?

   ____

   b) Onde ela começou a publicar seus primeiros textos?

   ____

   ____

2. As primeiras publicações de Ruth Rocha fizeram bastante sucesso. Que fatos comprovam esse sucesso?

   a) Foram vendidos milhares de livros.

   b) Ruth Rocha começou a escrever na revista *Recreio*.

   c) Os livros de Ruth Rocha eram vendidos em bancas de jornal.

   d) A autora publicou treze livros em um ano.

3. As crianças geralmente gostam da linguagem usada por Ruth Rocha em seus livros.

   a) Como é a linguagem usada pela autora?

   ____

   ____

   b) Como a autora aprendeu a escrever desse jeito?

   ____

   ____

   ____

4. Segundo Ruth Rocha, por que as pessoas leem pouco no Brasil?

   ____

   ____

5 Ruth Rocha comenta que algumas iniciativas vêm sendo tomadas em nosso país para incentivar a leitura.

a) O que é feito pelo governo?

____

____

b) E pelas instituições privadas?

____

____

c) Por que é importante capacitar bibliotecários?

____

____

d) De que modo a TV pode incentivar a leitura?

____

____

6 Algumas pessoas acham que os computadores e a internet são inimigos do livro impresso e da leitura.

a) Na opinião de Ruth Rocha, o livro impresso vai acabar? Por quê?

____

____

b) Como você entende a afirmação de Ziraldo de que "no livro eletrônico não se coloca uma violeta dentro"?

____

____

____

7 Segundo Ruth Rocha:

a) O que há de bom na televisão?

____

____

____

b) E quais são os aspectos negativos?

____

____

c) A quem cabe a responsabilidade de selecionar programas adequados para as crianças? Por quê?

____

____

8 E você, o que pensa sobre o uso de computador, internet e TV?

a) O computador e a internet atrapalham o hábito de leitura? Por quê?

b) O que a programação da TV poderia fazer para estimular as crianças a ler mais?

PALAVRAS EM CONTEXTO

1 Por que as perguntas do entrevistador estão em negrito, isto é, em letras mais escuras?

____

____

____

2 Releia este trecho do texto:

> "A minha carreira começou com a revista *Recreio*, na qual publiquei alguns textos a convite da Editora Abril."

Click&Boo/Getty Images

O termo **na qual**, no trecho, refere-se a:

a) carreira.

b) revista *Recreio*.

c) Editora Abril.

d) textos.

3 Releia:

> "Além disso, tenho para mim que, embora as crianças passem por momentos de alegria, de riso e de graça, em outros elas sofrem injustiças, infelicidade, impotência, tristeza, castigos..."

Por que foram empregadas reticências no fim da frase?

____

____

____

4 Releia o trecho:

> "Sinto que as crianças não são tão felizes como muitos pensam. Daí nasceu uma grande cumplicidade entre mim e elas."

A palavra **cumplicidade**, nesse contexto, tem quais sentidos?

a) parceria

b) companheirismo

c) inimizade

d) disputa

Leia este texto:

Reprodução/https://www.guarapuava.pr.gov.br/

(Disponível em: https://www.guarapuava.pr.gov.br/noticias/guarapuavanos-participam-do-esqueca-um-livro/. Acesso em: 3/3/2020.)

1 O texto lido é:

a) um anúncio publicitário com o objetivo de vender livros.

b) um anúncio publicitário de valorização da leitura.

c) um texto de campanha de doação de livros.

d) um texto instrucional que ensina como doar livros.

2 A respeito do texto, responda:

a) Quem é o responsável pela produção do texto?

___

b) A quem o texto se destina?

____

3 O que sugere a imagem que está no centro do texto?

____

4 Observe a frase:

"Esqueça" um livro!

Reprodução/https://www.guarapuava.pr.gov.br/

a) Por que a palavra **esqueça** está entre aspas?

____

____

____

b) Por que há um ponto de exclamação no final da frase?

____

____

Observe este detalhe do texto:

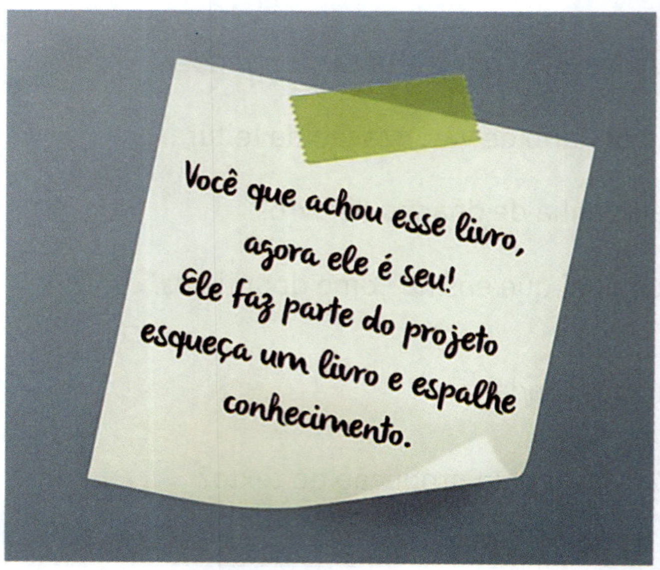

Reprodução/https://www.guarapuava.pr.gov.br/

5 O que essa imagem representa, no conjunto do texto?

6 O emprego da letra cursiva produz um efeito de sentido que sugere uma comunicação menos ou mais pessoal? Por quê?

7 Os lugares indicados para se deixar o livro são lugares públicos.

a) Por que é indicado esse tipo de lugar?

b) Que palavra do texto justifica sua resposta?

8 O que você acha dessa campanha? Que outras iniciativas também podem contribuir para espalhar conhecimento? Troque ideias com o professor e os colegas.

9 Compare a entrevista de Ruth Rocha com o texto de campanha da Prefeitura de Guarapuava. Em que aspectos os textos se assemelham?

Exercícios

Leia o texto a seguir e responda às questões 1 a 4.

A professora pergunta para o Joãozinho:
— Joãozinho, por que você não veio à aula ontem?
— É que uma abelha me picou, professora.
— E onde foi que ela picou você?
— Ah, professora, eu tenho vergonha de dizer.
— Está bem, então vá se sentar.
— Ah, professora, sentar eu não consigo.

(Paulo Tadeu. *Proibido para maiores — Mais piadas para crianças*. São Paulo: Matrix, 2008. p. 15.)

Jean Galvão/Arquivo da editora

1 Pelas características do texto, pode-se concluir que ele é:

a) uma fábula.

b) uma anedota.

c) um conto.

d) uma crônica.

2 A causa de Joãozinho não ter ido à aula foi:

a) vergonha.

b) falta de vontade.

c) picada de abelha.

d) briga com a professora.

3 A consequência da picada da abelha foi Joãozinho:

a) não conseguir se sentar.

b) responder para a professora.

c) conseguir ir para a escola.

d) contar para a professora o que houve.

4 O humor da piada está principalmente na revelação:

a) de que Joãozinho foi picado por uma abelha.

b) de que Joãozinho tem vergonha.

c) do lugar do corpo onde Joãozinho foi picado.

d) de que foi uma abelha que picou o garoto.

Leia o texto a seguir e responda às questões 5 a 9.

Um dia, descobri que minha mãe trabalhava numa revista. Revistas, para mim, eram **as** da Turma da Mônica, que eu folheava **avidamente**, desde muito antes de aprender a ler. Minha mãe me explicou que **a dela** era diferente, uma revista para gente grande, mas que era feita no mesmo prédio que as da Mônica. Animado, imaginei pilhas de Cascão, Cebolinha, Mônica e Magali de graça. Pedi que me trouxesse **algumas** no dia seguinte. Não dava, **ela** me explicou. Infelizmente, não era dona da editora, apenas empregada.

(Antonio Prata. *Nu, de botas*. São Paulo: Companhia das Letras, 2013. p. 14.)

Jean Galvão/Arquivo da editora

5 No trecho "Revistas, para mim, eram **as** da Turma da Mônica", a palavra **as** substitui:

a) mim.
b) Mônica.
c) revistas.
d) mãe.

6 No trecho "Minha mãe me explicou que **a dela** era diferente, uma revista para gente grande, mas que era feita no mesmo prédio que as da Mônica", a expressão **a dela** refere-se:

a) à mãe.
b) à revista que a mãe ajudava a fazer.
c) à revista da Turma da Mônica.
d) à revista do prédio.

7 No trecho "Pedi que me trouxesse **algumas** no dia seguinte", a palavra **algumas** refere-se:

a) à mãe.
b) às revistas que a mãe fazia.
c) às revistas da Turma da Mônica.
d) às revistas do prédio.

8 No trecho "Não dava, **ela** me explicou", a palavra **ela** refere-se:

a) à mãe.
b) à revista que a mãe ajudava a fazer.
c) à revista da Turma da Mônica.
d) à revista do prédio.

9 Releia este trecho do texto:

> "Revistas, para mim, eram as da Turma da Mônica, que eu folheava **avidamente**, desde muito antes de aprender a ler."

O sentido da palavra **avidamente**, nesse contexto, é:

a) com desprezo.
b) lentamente.
c) com indiferença.
d) com ansiedade.

Leia o texto a seguir e responda às questões 10 a 12.

Meu diário

David Martins/Arquivo da editora

7 de julho

Pai é um negócio fogo, o meu, o do Toninho, do Mauro, do Joca, do Zé Luís e do Beto são mais ou menos. O meu deixa jogar na rua, mas nada de chegar perto da avenida. O Toninho está terminantemente proibido de ir ao bar do Seu Porfírio. O do Beto é bem bravo, só que nunca está em casa: por isso, o Beto é o maior folgado e faz o que quer. Também, quando o pai chega, mixou a brincadeira. O do Joca é que nem o meu. O do Zé Luís deixa, mas é obrigatório voltar às seis em ponto e o do Mauro às vezes deixa tudo, outras dá bronca que Deus me livre, tudo na tal língua estrangeira que ele inventou.

(Ricardo Azevedo. *Nossa rua tem um problema*. São Paulo: Paulinas, 1986.)

10 O texto retrata a relação entre:

a) colegas de futebol.
b) colegas de escola.
c) pais dos alunos.
d) pais e filhos.

11 Na frase "Pai é um negócio **fogo**", a palavra em destaque pode ser entendida como:

a) complicado.
b) legal.
c) quente.
d) amigo.

12 Pelo contexto, o narrador é:

a) um adulto.
b) uma criança bem pequena.
c) um dos meninos que jogam futebol.
d) um senhor de idade.

Leia o texto a seguir e responda às questões 13 a 16.

Quantos idiomas existem no mundo?

São 6.909 línguas diferentes faladas ao redor do mundo, segundo o compêndio Ethnologue, que cataloga os idiomas do nosso planeta desde 1950.

Mas a maioria desses idiomas a gente quase não ouve: 6 520 línguas (cerca de 94% do total) estão na boca de apenas 6% dos habitantes da Terra, enquanto o restante da população mundial usa apenas 389 idiomas.

Há pelo menos 172 línguas com pelo menos 3 milhões de falantes — do chinês ao tachelhit, do Marrocos, e o quimbundo, de Angola. Já entre as línguas "nanicas" estão idiomas que lutam para sobreviver.

Existem quase 500 idiomas que correm o risco de ser extintos. Na China, o chinês predomina, mas há uma língua, o ayizi, com apenas 50 falantes, em um país com mais de 1 bilhão de pessoas.

Yummyphotos/Shutterstock

[...]

IDIOMA ARTIFICIAL

A lista de línguas "inventadas" inclui só o esperanto, criado por um polonês no século 19. Línguas artificiais como o klingon (de Jornada nas Estrelas), o sindarin (de O Senhor dos Anéis) e o na'vi (de Avatar) ficaram de fora.

É DO BRASIL!

O português é a sétima língua mais falada do mundo. Somos 178 milhões de falantes em 37 países (sendo o Brasil o representante mais numeroso). À nossa frente, estão, em ordem decrescente, chinês, espanhol, inglês, árabe, hindi e bengali.

[...]

(Disponível em: https://almanaquedoscuriosos.wixsite.com/blog/single-post/2015/12/10/Quantos-idiomas-existem-no-mundo. Acesso em: 2/3/2020.)

13 A respeito das línguas faladas em todo o mundo, marque a correta:

a) Das 6 909 línguas faladas no mundo, a população usa apenas 172.

b) O português é falado exclusivamente no Brasil.

c) 94% dos habitantes da Terra usam apenas 389 idiomas.

d) Há 500 idiomas no mundo.

14 A língua mais falada no mundo é o:

a) português.

b) chinês.

c) inglês.

d) espanhol.

15 Das línguas artificiais, a única que é considerada uma língua efetivamente é o:

a) esperanto.

b) klingon.

c) sindarin.

d) na'vi.

CAPÍTULO 6

A natureza pede socorro

Já ouvimos muitas vezes as histórias de caçadores que se vangloriam de ter matado onças e outros animais perigosos.
Mas será que a morte de animais silvestres, mesmo quando ferozes, não traz problemas para o meio ambiente?

Leia o texto a seguir.

Onça-pintada corre risco extremo de extinção na mata atlântica

CAMILA TURTELLI
DE RIBEIRÃO PRETO

Animal que faz parte do topo da cadeia alimentar da mata atlântica, a onça-pintada (Panthera onca) corre o risco extremo de extinção nesse bioma.

Estudo desenvolvido pelo Cenap (Centro Nacional de Pesquisa e Conservação de Mamíferos e Carnívoros), instituto criado pelo Ibama, aponta que devem existir somente 250 onças-pintadas adultas na mata atlântica, o que representa uma redução de 80% nos últimos 15 anos.

Segundo o chefe do Cenap, Ronaldo Morato, poucas ações foram tomadas nos últimos anos para conter o desaparecimento do maior mamífero da vegetação.

meunierd/Shutterstock

Cientistas investem agora em novas pesquisas que possam mapear a população restante e contribuir com a preservação do animal.

Segundo Morato, a extinção do animal pode significar o fim da mata atlântica em pouco tempo. O felino é predador de herbívoros, como veados e capivaras, e sua falta poderá causar um grande desequilíbrio ambiental.

Uma das principais causas para a redução drástica é a caça, tanto a predatória, identificada na década de 1990, quanto a retaliatória.

"No Parque Nacional do Iguaçu há muitas comunidades ao redor nas quais a perda de um animal, como uma vaca, é algo muito importante", diz Marina Xavier da Silva, coordenadora de área do Projeto Carnívoros do Iguaçu. Segundo ela, os produtores rurais matam as onças que atacam o rebanho.

O biólogo Pedro Galetti, especialista em genética da conservação da UFSCar (Universidade Federal de São Carlos), diz que o mais preocupante é que apenas 20% dos indivíduos restantes, ou seja 50 animais, devem estar em idade reprodutiva.

Pedido de socorro

O tema foi discutido em um encontro de cientistas realizado em Araraquara (SP) em outubro. No mês seguinte, uma carta de alerta foi publicada na prestigiosa revista científica "Science".

No Cenap, estão sendo realizadas novas pesquisas para coletar mais informações sobre os animais restantes.

Com recursos de instituições como Fapesp (Fundação de Amparo à Pesquisa do Estado de São Paulo) e CNPq (Conselho Nacional de Desenvolvimento Científico e Tecnológico), as pesquisas terão início nas próximas semanas.

Uma delas usará imagens de satélites para identificar quais pontos da mata atlântica são efetivamente utilizados pela onça-pintada para que a preservação da área seja mais controlada. O ICMBio (Instituto Chico Mendes de Conservação da Biodiversidade) executa desde 2012 o Plano de Ação Nacional para Conservação da Onça-Pintada.

No atual estágio, está sendo feito trabalho de conscientização com comunidades que vivem próximas aos habitats para a redução da caça retaliatória — como o que é realizado no Parque Nacional do Iguaçu.

O instituto também tem realizado reuniões com órgãos fiscalizadores, como as polícias Militar, Civil e Federal, para discutir planos para coibir a caça e apreensão do animal na natureza.

ONDE ESTÁ A ONÇA?

Estudos feitos até agora conseguiram estimar a posição dos indivíduos da espécie na mata atlântica

Editoria de Arte/Folhapress

População estimada

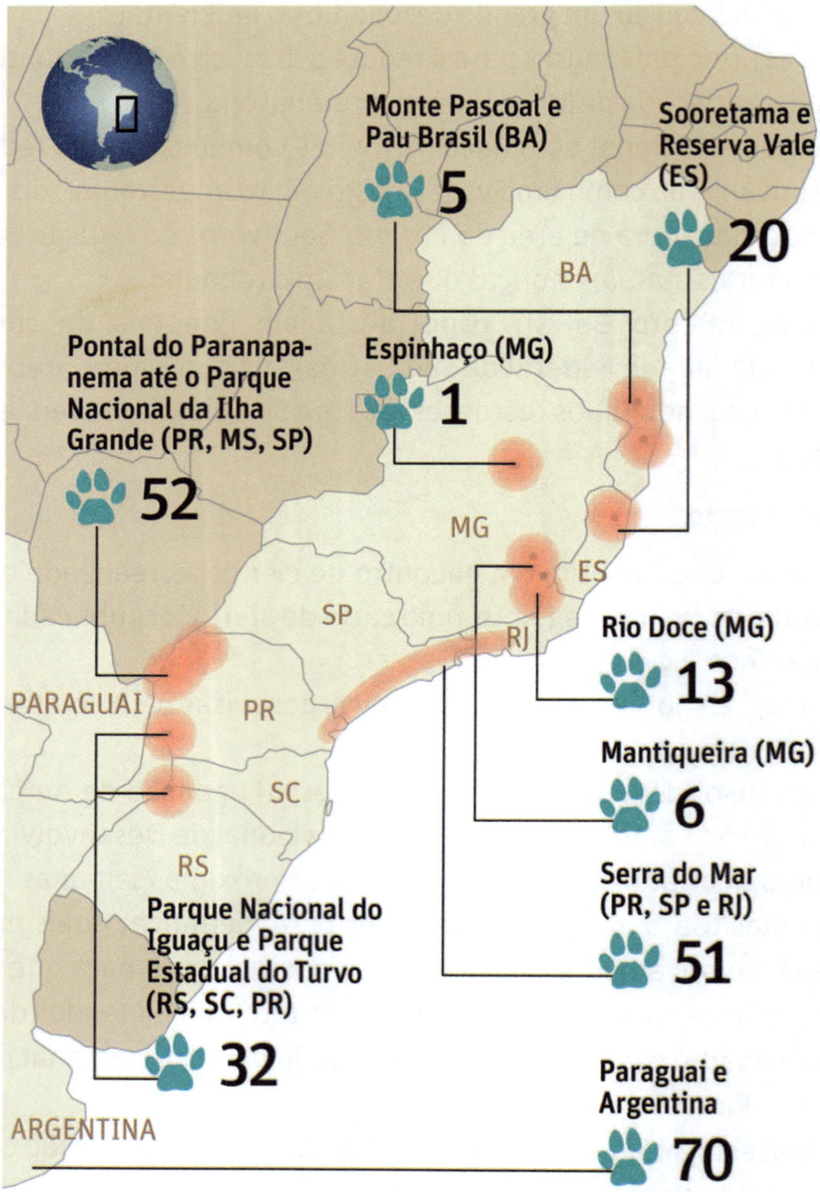

Fonte: Cenap (Centro Nacional de Pesquisa e Conservação de Mamíferos e Carnívoros)

(Disponível em: https://m.folha.uol.com.br/ambiente/2014/01/1403315-onca-pintada-corre-risco-extremo-de-extincao-na-mata-atlantica.shtml. Acesso em: 27/3/2020.)

1 O texto lido é uma reportagem que aborda um problema ambiental.

a) Qual é o problema?

____

____

b) Quais são as principais causas desse problema?

____

____

c) O que é caça retaliatória?

____

____

2 Qual pode ser a consequência para a Mata Atlântica da extinção da onça-pintada?

____

____

____

____

3 Como é comum nas reportagens, o texto lido apresenta um infográfico. Infográfico é uma representação visual que reúne informações com o apoio de desenhos ou fotos. Um mapa ou um gráfico, por exemplo, são infográficos. Observe o infográfico que acompanha o texto e responda:

a) Onde há mais onças-pintadas: no Espírito Santo ou nos Estados do Paraná, São Paulo e Rio de Janeiro juntos? Justifique sua resposta.

____

____

____

b) Em que lugar do Brasil a população de onças-pintadas é maior?

c) Em que outros países da América Latina esse animal pode ser encontrado?

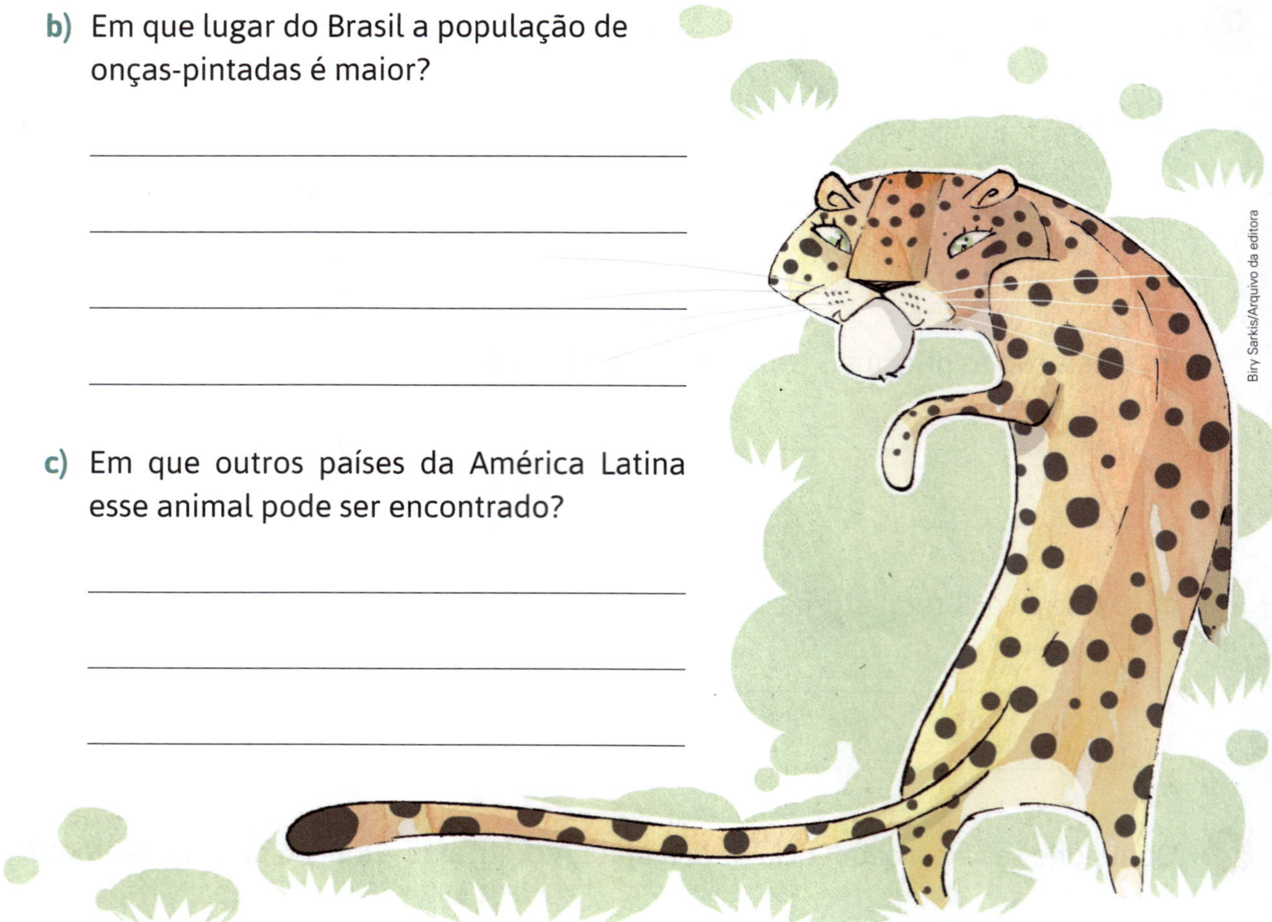

Biry Sarkis/Arquivo da editora

4 Segundo o Cenap, a Mata Atlântica deve ter hoje cerca de 250 onças-pintadas, mas apenas 50 animais (20%) estão em idade reprodutiva. Por que esse número é preocupante?

5 Que providências estão sendo tomadas para que não ocorra a extinção da onça-pintada?

6 Conclua: Qual é a finalidade da reportagem lida?

____

____

7 A onça é vista popularmente como um animal perigoso. Discuta com os colegas e o professor:

a) De que modo as populações que vivem nas vizinhanças do *habitat* da onça-pintada podem conviver com o animal?

b) Que outras ações, além das apontadas no texto, poderiam ajudar a impedir a extinção da onça-pintada?

PALAVRAS EM CONTEXTO

1 A que se refere a expressão **maior mamífero da vegetação** no terceiro parágrafo do texto lido?

2 Na parte superior do infográfico, lê-se: **População estimada**. Isso significa que o número de animais restantes em cada região:

a) não é inteiramente preciso.

b) é inteiramente preciso.

c) deve ser averiguado.

d) ainda não foi pesquisado por todos os órgãos responsáveis.

3 A palavra **Cenap** é a sigla de Centro Nacional de Pesquisa e Conservação de Mamíferos e Carnívoros.

a) De que modo se formou essa sigla?

b) Troque ideias com os colegas para tentar descobrir o significado destas outras siglas:

- RG
- CPF
- CNH

Leia o texto a seguir.

TIPOS DE TRÁFICO

1 ANIMAIS PARA COLECIONADORES PARTICULARES

Quanto mais raro for o animal, maior é o seu valor de mercado

2 ANIMAIS PARA FINS CIENTÍFICOS

Espécies fornecem substâncias químicas, que servem como base para a pesquisa e produção de medicamentos

3 ANIMAIS PET

Modalidade que mais incentiva o tráfico de animais silvestres no Brasil

4 PRODUTOS DE FAUNA

Couros, peles, penas, garras e presas são vendidos para o mercado de moda e souvenir para turistas

Fonte: RENCTAS

(Disponível em: https://g1.globo.com/sp/campinas-regiao/terra-da-gente/noticia/2019/06/24/onde-esta-a-fauna-brasileira-panorama-do-trafico-de-animais-revela-futuro-preocupante.ghtml. Acesso em: 27/3/2020.)

1 Qual é o tema do cartaz?

2 Qual é a finalidade do cartaz?

3 Quais são as consequências do tráfico de animais?

4 Compare o texto "Onça-pintada corre risco extremo de extinção na mata atlântica" com o cartaz lido. O que eles têm em comum?

5 O cartaz menciona quatro tipos de tráfico de animais.

a) Caso a onça-pintada seja vítima do tráfico: Em que tipo de tráfico ela se situaria?

b) Levante hipóteses: Com que finalidade alguém poderia ter interesse no tráfico de uma onça-pintada?

Exercícios

Leia o texto abaixo e responda às questões 1 a 3.

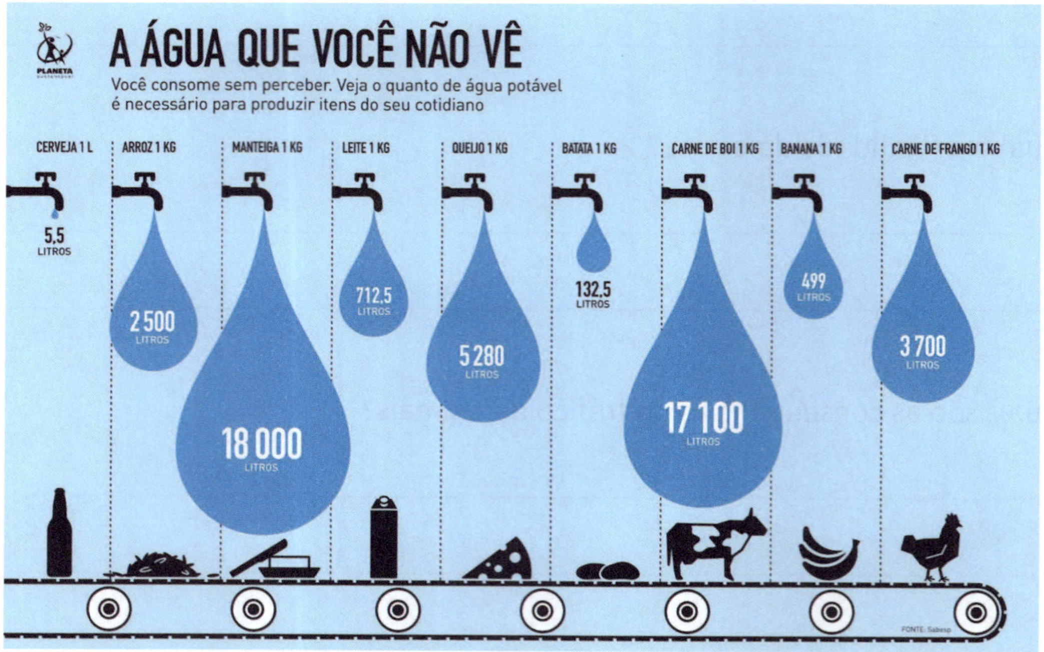

(Disponível em: https://www.researchgate.net/figure/Figura-1-Exemplo-de-Infografico-Fonte-Planeta-Sustentavel-. Acesso em: 26/3/2020.)

1 Dos alimentos apresentados no infográfico, quais são os que precisam de maior quantidade de água para serem produzidos?

a) queijo e carne de frango
b) batata e leite
c) manteiga e carne de boi
d) arroz e manteiga

2 Quais alimentos, de acordo com o infográfico, precisam de menor quantidade de água para serem produzidos?

a) banana e leite
b) cerveja e batata
c) leite e carne de frango
d) manteiga e carne de boi

3 Assinale a afirmação verdadeira, conforme os dados apresentados no infográfico.

a) Para ser produzida, a carne de frango precisa de mais água do que a carne de boi.
b) Para ser produzida, a banana precisa de mais água do que o leite.
c) Para ser produzida, a batata precisa de menos água do que o arroz.
d) Para ser produzido, o leite precisa de menos água do que a cerveja.

Leia o texto a seguir. Depois, responda às questões 4 a 7.

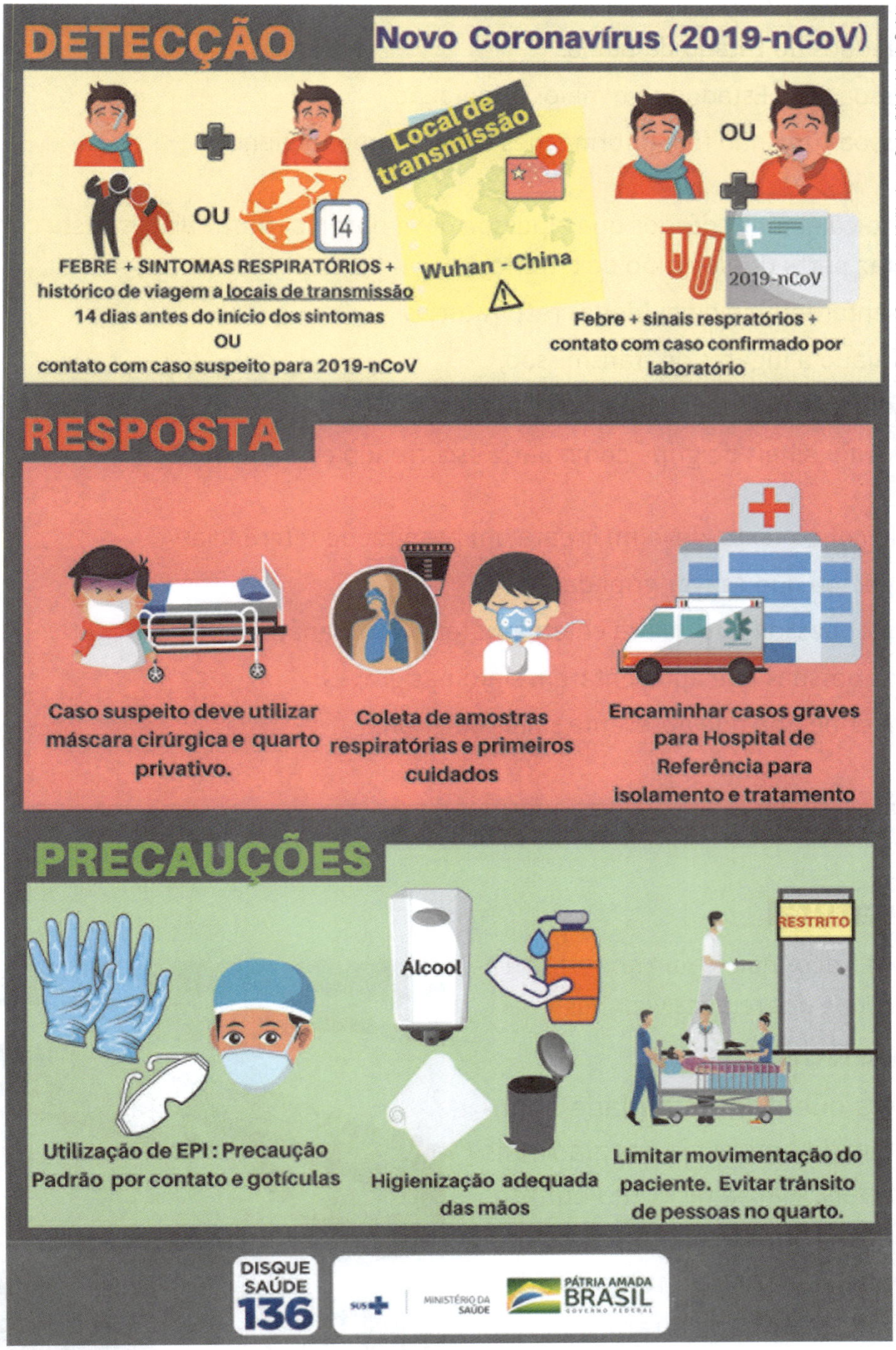

Lidsy Ximenes Fonseca/ Secretaria de Vigilância em Saúde/Ministério da Saúde

(Disponível em: https://www.bahia.fiocruz.br/novo-coronavirus-o-que-e-causas-sintomas-tratamento-diagnostico-e-prevencao/. Acesso em: 27/3/2020.)

4 O texto lido é um(a):

a) propaganda em defesa do vírus.

b) panfleto em defesa do meio ambiente.

c) cartaz de campanha de combate ao coronavírus.

d) cartaz informativo sobre medicina.

5 A divulgação do texto tem como objetivo atingir:

a) os cidadãos em geral.

b) os cidadãos do Estado da Bahia.

c) as pessoas dos Estados com maior população.

d) as pessoas que não têm informações básicas sobre higiene.

6 O texto indica alguns critérios que a pessoa deve observar para saber se está com o coronavírus. **Não** faz parte desse grupo de critérios:

a) Apresentar febre e dificuldades respiratórias.

c) Ter viajado a lugares de transmissão.

c) Ter tido contato com pessoa infectada.

d) Apresentar sinais de gripe como nariz escorrendo e dor de cabeça.

7 De acordo com o texto, deve(m) ir para um hospital de referência:

a) toda pessoa que estiver gripada.

b) qualquer pessoa que queira coletar material para análise.

c) apenas pessoas que apresentarem sintomas graves.

d) qualquer pessoa que apresente sinais de gripe.

Leia o texto a seguir e responda às questões 8 e 9.

Forno natural

Ventos fracos não levam ao sertão a umidade das regiões vizinhas

Marcos Amend/Shutterstock

1. Umidade localizada

O clima quente e a umidade abundante fazem da Amazônia a região mais úmida do país. A área de clima equatorial é cortada por rios volumosos que facilitam as constantes tempestades. Esse tipo de aguaceiro, porém, não tem força para chegar ao sertão nordestino. No máximo, os ventos úmidos alcançam o oeste do Maranhão. No resto do estado, o clima e a vegetação refletem a transição entre a floresta equatorial e a caatinga do semiárido.

[...]

(Disponível em: https://super.abril.com.br/mundo-estranho/por-que-chove-tao-pouco-no-nordeste/.Acesso em: 26/3/2020.)

8 A Amazônia é a região mais úmida do país por causa:

a) dos ventos úmidos.

b) dos rios volumosos.

c) do clima quente e da umidade abundante.

d) das tempestades.

9 A umidade da Amazônia não chega ao Sertão nordestino porque os ventos:

a) são muito fracos para levar a umidade até lá.

b) se dirigem apenas para o Maranhão.

c) se dirigem apenas para o Estado do Amazonas.

d) são secos e não levam umidade.

Leia o cartum abaixo e responda às questões 10 a 12.

© Caulos/Acervo do cartunista

(Caulos. *Vida de passarinho.* Porto Alegre: L&PM, 1989. p. 5.)

10 De acordo com o texto:

a) não há mais sabiás.

b) a natureza está sendo destruída.

c) não há mais estrelas.

d) não há mais flores.

11 O tema do cartum é:

a) ecológico.

b) amoroso.

c) científico.

d) literário.

12 No último quadrinho, a forma verbal **era** está em destaque para:

a) descrever a palmeira.

b) comentar sobre o passado da palmeira.

c) enfatizar que a palmeira não existe mais.

d) destacar a palmeira.

Leia o texto a seguir e responda às questões 13 a 16.

Feias, sujas e imbatíveis (fragmento)

As baratas estão na Terra há mais de 200 milhões de anos, sobrevivem tanto no deserto como nos polos e podem ficar até 30 dias sem comer. Vai encarar?

Férias, sol e praia são alguns dos bons motivos para comemorar a chegada do verão e achar que essa é a melhor estação do ano. E realmente seria, se não fosse por um único detalhe: as baratas. Assim como nós, elas também ficam bem animadas com o calor. Aproveitam a aceleração de seus processos bioquímicos para se reproduzirem mais rápido e, claro, para passearem livremente por todos os cômodos de nossas casas.

David Martins/ Arquivo da editora

Nessa época do ano, as chances de dar de cara com a visitante indesejada, ao acordar durante a noite para beber água ou ir ao banheiro, são três vezes maiores.

(*Revista Galileu*. Rio de Janeiro: Globo, nº 151, fev. 2004, p. 26.)

13 No trecho "Vai encarar?", o ponto de interrogação tem o efeito de:

a) apresentar.

b) avisar.

c) desafiar.

d) questionar.

(Disponível em: http://download.inep.gov.br/educacao_basica/prova_brasil_saeb/menu_do_professor/ exemplos_de_questoes/5ano_SITE_LP.pdf. Acesso em: 28/6/2014.)

14 Segundo o texto, as baratas são:

a) pouco resistentes.

b) sensíveis.

c) delicadas.

d) muito resistentes.

15 A estação do ano em que as baratas mais se reproduzem é:

a) o inverno.

b) o verão.

c) o outono.

d) a primavera.

16 Pelo título do texto, pode-se supor que o autor considera a barata um inseto:

a) repugnante.

b) comum.

c) domesticável.

d) amigo.

Banco de imagens/Arquivo da editora

Leia o texto a seguir. Depois, responda às questões 17 a 23.

(Mauricio de Sousa. *Ecologia e meio ambiente*. São Paulo: Panini, 2011. p. 44.)

17 No quadro "Água", o trecho que dá ideia de tempo é:

a) "Não lave a calçada com mangueira!"
b) "Use uma vassoura!"
c) "Enquanto escova os dentes"
d) "não deixe a torneira aberta!"

18 No quadro "Lixo", a palavra **então** dá ideia de:

a) conclusão do pensamento.
b) possibilidade de reciclar o lixo.
c) dúvida quanto a como se recicla o lixo.
d) qual é o tempo ideal para reciclar o lixo.

19 Na frase "Se não estiver no computador, desligue o monitor!", do quadro "Energia", a palavra **se** expressa a ideia de:

a) tempo.
b) lugar.
c) condição.
d) modo.

20 A palavra **isso**, no quadro "Poluição sonora", se refere a:

a) volume.
b) aparelho de som.
c) tevê.
d) volume do aparelho de som ou tevê muito alto.

21 Nos quadrinhos, as formas verbais **deixe**, **use**, **lave**, **enxugue**, **desligue**, **tome**, **recicle** e **peça** expressam:

a) orientação ou conselho.
b) possibilidade.
c) certeza.
d) comunicado.

22 As dicas apresentadas no texto são dirigidas principalmente a:

a) adultos.
b) idosos.
c) crianças.
d) adultos e crianças.

23 As dicas apresentadas no texto têm como finalidade:

a) informar sobre os problemas urbanos.
b) narrar fatos reais da sociedade.
c) descrever problemas das grandes metrópoles.
d) orientar crianças sobre como preservar o meio ambiente.

CAPÍTULO 7

O que você vai ser quando crescer?

A infância, como todos sabem, é uma das melhores fases da vida... Mas, às vezes, ocorrem situações complicadas! Em alguns momentos, podemos ter dúvidas ou sentir medo; em outros, sentir vergonha; em outros, ainda, vontade de ser diferente ou ser adulto... Puxa, como é difícil crescer!

Leia este texto, de Antonio Prata:

Cueca I

Meu ideal de vestuário era moletom, camiseta e botas: galochas vermelhas, azuis e amarelas ou as botas de caubói que a mãe do Fábio Pequeno me deu na primeira vez em que fomos à sua fazenda [...]

Recusava-me a vestir calça jeans. Dura, impedia o movimento; áspera, roçava nas pernas. E o zíper? E o botão? Pra que complicar tanto a vida, meu Deus?

Recusava-me a usar camisa. Para vesti-la e fechar todos aqueles botões, precisava de um adulto, para tirá-la e abrir todos aqueles botões, precisava de um adulto. E a gola, roçando o pescoço? Qual o propósito daquele suplício?

Jean Galvão/Arquivo da editora

Recusava-me a usar malha de lã. Pinicava, coçava, fazia o nariz escorrer e, ao limpá-lo na manga, ficava com a pele toda assada.

Recusava-me, sobretudo, a usar cuecas. Afinal, pra que servia aquela inútil camada de pano entre a pele e a deliciosa textura do moletom?

Havia certas ocasiões, no entanto — Natal, réveillon, festas de aniversário —, em que minha mãe me obrigava a vestir tudo de ruim ao mesmo tempo: calça jeans, camisa de botão, malha de lã e até — por quê, ó céus? — cueca.

No aniversário do Fábio Pequeno, a mãe dele arrumou uma Kombi e levou todas as crianças da vila para um fim de semana na fazenda. Chegamos sexta à noite, após três horas de asfalto e mais uns quarenta minutos sacolejando por estradas de terra, mas não nos abalamos: largamos as malas nos quartos e fomos correndo para a sala de jogos [...]. A esbórnia, contudo, estancou de imediato assim que a mãe do Fábio entrou, revelando:

— Antonio, não tem cuecas na sua mala.

Fez-se um silêncio de cadeia em véspera de rebelião.

[...]

— O Antonio não tem cueca!

— O Antonio vai ficar sem cueca!

— Olha só o Antonio! Sem cueca, sem cueca!

A questão não era tanto eu não ter cuecas quanto o meu nome estar, de alguma forma, associado a elas. Não sabíamos exatamente o porquê, mas roupas de baixo eram um assunto delicado e, portanto, nessa seara ninguém queria fugir um milímetro à norma. Se dissessem que minhas cuecas eram grandes, todos ririam do mesmo jeito e eu deveria provar que eram pequenas, se me acusassem de usar pequenas, eu me defenderia dizendo que eram grandes, assim como se falassem que eu tinha cuecas vermelhas eu juraria que as minhas eram todas brancas, e se comentassem que eu era um tipo estranho que só usava cuecas brancas, afirmaria ter várias coloridas. Como a acusação era de que não havia cuecas na minha mala, a única forma de desligar meu nome do tema era provar que sim, obviamente, eu tinha cuecas e, portanto, a minha relação com tais peças do vestuário era perfeitamente normal.

Decidido a reconquistar a honra, apontei um indicador para o alto, pus a outra mão na cintura e lancei, do fundo do meu desespero, a seguinte declaração — vaga, sem dúvida; falsa, decerto; mas imponente e, ao menos temporariamente, eficaz:

— É nada!

Com passos firmes, parti em direção à casa, a mãe do Fábio me seguindo e as catorze crianças atrás — no caminho, até os cris-cris das cigarras pareciam caçoar de mim.

Jean Galvão/Arquivo da editora

Cercado por meus algozes, procurei nos bolsos da mala, entre as camisetas, dentro das calças [...].

— Não tem, Antonio, eu já procurei — disse a mãe do meu amigo, enquanto as crianças seguiam com o coro:

— O Antonio não tem cueca! O Antonio não tem cueca! O Antonio não tem cueca!

Encurralado, apelei para o velho clichê do criminoso pego em flagrante e exigi meu direito a um telefonema.

— Mãe, você esqueceu de pôr cueca na minha mala!

Ela riu e [...] disse o que eu receava ouvir:

— Filhote, você não usa cueca.

Era um argumento irrefutável, evidentemente, mas já que havia levado a farsa até ali, só me restava ir adiante:

— Por quê, mãe?! Por que você esqueceu de pôr a cueca?!

— Antonio, que que está acontecendo? Você detesta cueca! Tá com saudade de casa, é isso?

Do lado de cá, a mãe do Fábio se intrometia:

— Deixa eu falar com ela.

— Não!

— Escuta, querido, meu irmão tá vindo pra fazenda amanhã de manhã, pede pra sua mãe mandar as cuecas por ele. Me passa ela aqui, que eu combino!

— Solta! Solta! — eu repetia, apertando o telefone contra o corpo com tanta força que podia sentir a voz da minha mãe fazendo cosquinhas na pele:

— Antonio, tá aí? Deixa eu falar com a mãe do Fábio. Antonio?

A mãe do Fábio:

— Antonio, dá aqui o telefone?

As crianças:

— Sem cueca! Sem cueca! Sem cueca!

Cansada da negociação, a mãe do meu amigo partiu para a ignorância: durante um tempo, eu e a mulher lutamos pela posse do aparelho; fiz o que pude, mas ela era mais forte e habilidosa do que eu, e lá pelas tantas, com uma puxada e uma torção, conseguiu me desarmar. As crianças se calaram para ouvir.

— Oi, querida, tudo bom? Aqui tudo ótimo, obrigada, só esse probleminha aí, das cuecas do Antonio, mas amanhã o meu irmão tá vindo pra cá e...

Pausa.

— Ahã, sei... Ahã, tá certo...

Pude ver minha desgraça entrando no telefone lá de casa, percorrendo os fios da vila, seguindo pelos postes de São Paulo, pegando a rodovia, chegando pela estrada de terra e saindo pelos furinhos no ouvido daquela mulher. Era o fim; minha mãe, intimada como testemunha de defesa, havia debandado para a acusação, estava confirmando as suspeitas de todos, não havia cuecas na mala, não havia cuecas na minha vida, eu era um descuecado, um incuequento, um ser absolutamente acuecal.

— Claro, claro, entendi — disse a mãe do Fábio antes de se despedir, desligar e abrir um sorriso. — É o seguinte, pessoal...

Não esperei para escutar o fim da frase: saí correndo para o pasto, me agachei atrás de um cupinzeiro e ali fiquei, se não me engano, até o fim da minha infância.

(*Nu, de botas.* São Paulo: Companhia das Letras, 2013. p. 40-45.)

algoz: carrasco, torturador.
eficaz: eficiente.
esbórnia: bagunça, confusão.
imponente: grandioso, importante.
irrefutável: evidente, que não se pode negar.
seara: assunto.

1 Sobre o narrador do texto, responda:

a) Quem é o narrador: um adulto ou uma criança?

____

____

b) Quantos anos tinha o narrador na época em que ocorreu a situação relatada?

____

____

2 No início do texto, Antonio comenta o que achava das roupas.

a) Por que ele não gostava de roupas como camisa, calça *jeans* e malha de lã?

____

____

b) O que ele pensava sobre o uso de cueca?

____

____

____

3 Releia este trecho:

> "Havia certas ocasiões, no entanto — Natal, réveillon, festas de aniversário —, em que minha mãe me obrigava a vestir tudo de ruim ao mesmo tempo: calça jeans, camisa de botão, malha de lã e até — por quê, ó céus? — cueca."

Jean Galvão/Arquivo da editora

a) Por que, em situações especiais, a mãe de Antonio obrigava o menino a colocar as roupas de que ele não gostava?

____

____

____

b) Por que o narrador emprega a expressão **por quê, ó céus?** antes da palavra **cueca**?

____

____

____

4) Antonio foi passar um fim de semana na fazenda com outras crianças para comemorar o aniversário do amigo Fábio.

a) Que fato causou espanto em todos?

____

____

b) Por que Antonio ficou envergonhado?

____

____

____

5) O narrador comenta que roupas de baixo eram um assunto delicado e que ninguém queria fugir um milímetro à norma nesse campo.

a) Que norma Antonio estava rompendo?

____

____

b) Que consequência a revelação do rompimento dessa norma trouxe para Antonio?

____

____

6) Diante da declaração da mãe de Fábio e da presença das catorze crianças gritando "O Antonio não tem cueca!", o menino imaginou um plano.

a) Qual foi o plano?

____

____

____

b) Se Antonio sabia que não havia cuecas na mala, o que ele esperava com o plano que pôs em prática?

____

____

7 Antonio ligou para a mãe.

a) Por que a mãe estranhou o comportamento do filho?

____

____

b) Por que a mãe de Fábio tomou o telefone da mão de Antonio?

____

____

____

8 Observe este trecho do texto:

> "— Claro, claro, entendi — disse a mãe do Fábio antes de se despedir, desligar e abrir um sorriso. — É o seguinte, pessoal..."

a) O que a mãe de Fábio deve ter entendido?

____

____

b) Levante hipóteses: O que a mãe de Fábio deve ter dito aos garotos?

____

____

____

9 Para extrair humor das situações, o que o autor explorou? Indique as opções corretas.

a) a timidez do personagem principal

b) a maldade dos adultos, que fazem tudo para intimidar as crianças

c) a maldade das crianças, que adoram zombar das outras

d) um tema inadequado para ser mostrado em livros

10 O narrador conclui o texto dizendo: "me agachei atrás de um cupinzeiro e ali fiquei, se não me engano, até o fim da minha infância".
Troque ideias com os colegas: Que sentido tem, no contexto, o trecho "até o fim da minha infância"?

____

____

____

11 Você já passou por alguma situação constrangedora como a que Antonio viveu? Ou conhece alguém que já passou por isso? Se sim, conte para os colegas.

PALAVRAS EM CONTEXTO

1 Observe estes trechos do texto:

- "Recusava-me a vestir calça jeans."
- "Recusava-me a usar camisa."
- "Recusava-me a usar malha de lã."
- "Sem cueca! Sem cueca! Sem cueca!"

Jean Galvão/Arquivo da editora

Que sentido produz, no texto, a repetição:

a) da expressão **Recusava-me**?

____

____

b) da frase **Sem cueca!**?

____

____

2 Releia este trecho:

> "[...] não havia cuecas na mala, não havia cuecas na minha vida, eu era um descuecado, um incuequento, um ser absolutamente acuecal."

As palavras **descuecado**, **incuequento**, **acuecal** não existem em nossa língua e foram inventadas pelo narrador. No contexto, que sentido elas têm?

____

____

3 A mãe de Antonio chama-o de **filhote**, diminutivo de **filho**. No contexto, esse diminutivo expressa:

a) modo carinhoso de tratar o filho.

b) modo repreensivo, pois a mãe compara o filho a um animal.

c) modo agressivo, pois a mãe quis ofender o menino.

d) modo carinhoso, porém repreensivo.

4 No trecho "vaga, sem dúvida; falsa, decerto", a palavra **decerto** tem o sentido de:

a) talvez.

b) de jeito algum.

c) com certeza.

d) provavelmente.

Leia o poema a seguir.

Segredo

Se meu irmão me dedar,
se fizer o que está falando,
eu bato,
eu mato,
eu o masco como um chiclete
e nem adianta a "mãezinha"
entrar no meio.

Também fui cretina de deixar
a porta do quarto aberta.
E não é que o bandido veio vindo,
pé ante pé, como um assaltante...
E foi mole pro malandro
me pegar brincando de boneca.

Se ele quiser,
em trocado segredo,
dou todinha minha mesada.

Se não quiser,
se preferir me entregar
pro namorado,
eu bato, eu mato,
faço dele um picadinho!

(Elias José. *Cantigas de adolescer*. 7. ed. São Paulo: Atual, 1992. p. 19.)

Biry Sarkis/Arquivo da editora

1 Quem é o eu lírico, isto é, a pessoa que fala no poema: uma criança, um(a) adolescente ou um(a) adulto(a)? Justifique sua resposta.

2 O eu lírico teve um segredo revelado.

a) Qual é o segredo?

____

b) De que modo esse segredo foi descoberto pelo irmão?

____

____

c) Qual é o principal receio do eu lírico? Por quê?

____

____

3 Já prevendo o que pode acontecer, o eu lírico imagina uma saída para escapar do problema.

a) Qual é a saída?

____

____

b) Você acha que o irmão vai aceitar? Por quê?

____

____

4 Na primeira estrofe, a palavra **mãezinha** está entre aspas. Que sentido as aspas e o diminutivo da palavra **mãe** acrescentam ao texto?

____

____

____

____

5 Observe algumas das palavras e expressões utilizadas pelo eu lírico.

- "eu bato, / eu mato, / eu o masco como um chiclete"
- "faço dele um picadinho"

a) Que sentimentos do eu lírico elas revelam?

____

____

b) Que efeito de sentido têm o ritmo e a sonoridade dos versos "eu bato, / eu mato, / eu o masco como um chiclete"?

____

____

____

6 Ao se referir ao irmão, o eu lírico emprega palavras como **bandido**, **assaltante**, **malandro**. Que julgamento o eu lírico tem a respeito dos atos do irmão?

____

____

____

7 Compare o texto "Cueca I", que você leu no início deste capítulo, com o poema "Segredo". O que os dois textos têm em comum?

____

____

____

____

____

Exercícios

Leia o texto a seguir, com Julieta, personagem de Ziraldo.

(Ziraldo. *Diário da Julieta*. São Paulo: Globo, 2010. p. 26.)

1. Pelas características do texto, trata-se de:
   a) um jornal.
   b) uma página de diário.
   c) uma receita.
   d) uma propaganda.

2. A finalidade do texto é:
   a) registrar o cotidiano de Julieta.
   b) servir de consulta para a família.
   c) anotar o que aprendeu na escola.
   d) descrever as tarefas que tem de realizar.

3. A letra cursiva foi empregada para:
   a) o texto parecer uma página de diário de verdade.
   b) enfeitar a página.
   c) deixar a escrita mais legível.
   d) deixar mais espaço para os desenhos.

4. Observe a pontuação utilizada neste trecho do texto:

> "Esta etiqueta é de uma sandália linda e cara que comprei... Digo, que minha mãe comprou. Que saudade daquele dia!"

   O uso de reticências no trecho indica:
   a) suspense ao contar e tristeza.
   b) alegria e interrupção da ideia.
   c) ênfase na saudade e ironia.
   d) correção do que foi dito.

5. O uso da exclamação em "Que saudade daquele dia!" sugere:
   a) saudade.
   b) suspense.
   c) interrupção da ideia.
   d) ênfase.

6. Para Julieta, o dia no *shopping* com a mãe foi:
   a) desagradável.
   b) um dia comum.
   c) agradável.
   d) indiferente.

Leia a tira:

© Fernando Gonsales/Acervo do cartunista

(Fernando Gonsales. *Níquel Náusea – Cadê o ratinho do titio?* São Paulo: Devir, 2011. p. 18.)

7 Na segunda cena da tira, o ponto de exclamação utilizado na fala da mãe demonstra que ela está:

a) surpresa ao ver os filhotes no ninho.

b) entusiasmada por encontrar uma minhoca para os filhotes.

c) alegre por levar comida para os filhotes.

d) aliviada por ver que os filhotes não estavam com fome.

8 Na segunda cena, o uso repetido do ponto de exclamação na fala dos filhotes demonstra que eles estão:

a) irritados, porque a mãe trouxe a comida de sempre.

b) bravos, porque a mãe demorou com a minhoca.

c) tristes, porque terão que dividir entre si a minhoca.

d) alegres, porque a mãe trouxe a comida favorita deles.

9 A finalidade da tira é:

a) fazer uma crítica a quem mantém pássaros em cativeiro.

b) divertir o leitor.

c) incentivar o consumo de alimentos naturais.

d) estimular um bom relacionamento entre pais e filhos.

10 Há, na tira, um texto retangular na parte superior dos balões. O texto retangular indica a voz:

a) de um personagem secundário.

b) dos pássaros.

c) de um narrador.

d) da mãe dos pássaros.

11 O balão com duas setas indica:

a) a fala do narrador.

b) a fala da mãe.

c) a fala simultânea dos filhotes.

d) a fala simultânea da mãe e dos filhotes.

Leia o texto a seguir.

Dente no telhado

No dia em que o dente de leite de Joãozinho caiu, ele o jogou no telhado e fez um pedido muito especial. Dormiu. Na manhã seguinte, ao acordar, ele pensou, pensou, e nada: não se lembrava mais do pedido. O que teria acontecido com a sua cabeça? Seria a queda do dente um sinal de velhice prematura? A sua avó, mesmo sendo velha, deu uma explicação para o esquecimento: ao perder o dente, ele na verdade tinha perdido um pedaço da cabeça. Quem sabe se dentro daquele dente não estava também uma parte de seus desejos? Nesse caso, o seu pedido seria atendido, era só esperar. E foi o que aconteceu. Quando o menino nem se lembrava mais de tentar lembrar o que tinha pedido, apareceu na porta... uma bicicleta! Feliz no seu sorriso banguela, ele subiu nela e saiu pelo bairro pedalando. Quando se distraiu, caiu no chão, bateu a boca e quebrou outro dente de leite, que está até agora no telhado, esquecido, com outro pedido.

(Dilea Frate. *Histórias para acordar*. São Paulo: Companhia das Letrinhas, 2012. p. 20.)

12 A causa de Joãozinho fazer um "pedido muito especial" foi:

a) ganhar uma bicicleta.
b) conversar com sua avó.
c) ter perdido seu dente de leite.
d) não se lembrar do pedido que fez.

13 Joãozinho levou um tombo da bicicleta. A consequência do tombo foi:

a) ele quebrar outro dente.
b) ele esquecer o novo pedido que fez.
c) ele fazer outro pedido.
d) ele ficar infeliz no seu sorriso banguela.

14 Em algumas famílias, as crianças jogam no telhado os dentes de leite que caem. Esse hábito faz parte:

a) de um jogo.
b) de uma brincadeira de meninos.
c) da cultura popular.
d) da tradição de ganhar presentes quando caem os dentes.

Leia os textos a seguir.

Texto 1

Perguntas cretinas

Existe um festival de perguntas cretinas que rondam a vida de uma criança. Uma das principais é: "De quem você gosta mais: do papai ou da mamãe?". Toda vez que ouvia isso, Rô respondia com outra pergunta cretina: "E você, do que gosta mais, da mão ou do pé?". E as pessoas riam da sua gracinha, mas continuavam perguntando as mesmas besteiras. Um dia, depois de ouvir essas perguntas estúpidas que todo adulto faz: "Quantos aninhos você tem?"; "Você sabia que é a cara da mamãe?"; "Você já está na escola?"; "Quem é melhor no jogo: você ou seu irmão?"; "Já tem namorada?", e mais o clássico: "O que vai ser quando crescer?", Rô pensou bem e respondeu sem vacilar: "Vou ser mudo".

(Dilea Frate. *Histórias para acordar*. São Paulo: Companhia das Letrinhas, 1996. p. 7.)

Jean Galvão/Arquivo da editora

Texto 2

(Quino. *Mafalda*. São Paulo: Martins Fontes, 1998. v. 2, p. 24-25.)

15 No texto 1, a resposta "E você, do que gosta mais, da mão ou do pé?", dada por Rô, tem a intenção de demonstrar que a pergunta era:

a) interessante.

b) absurda.

c) inteligente.

d) ofensiva.

16 No texto 1, ao perguntarem à criança o que ela vai ser quando crescer, ela responde "Vou ser mudo". Essa resposta dá a entender que ela, quando adulta:

a) não vai querer responder a perguntas cretinas.

b) não vai poder fazer perguntas cretinas.

c) não vai poder conversar com crianças.

d) não vai poder conversar com adultos.

17 Na tira, o humor está no fato de:

a) a mãe de Mafalda gostar da resposta da menina.

b) a mãe de Mafalda não gostar da resposta da menina.

c) a senhora esperar exatamente a resposta que Mafalda deu.

d) a senhora não esperar a resposta que Mafalda deu.

18 Os dois textos se assemelham porque:

a) as crianças são mal-educadas quando os adultos tentam se aproximar delas.

b) os adultos fazem perguntas cretinas, porque imaginam que as crianças não são inteligentes.

c) os adultos se interessam pelos sentimentos das crianças e pelo futuro delas.

d) as crianças gostam de responder a perguntas inteligentes feitas pelos adultos.

19 Os adultos fazem perguntas desse tipo às crianças porque:

a) gostam de ofender.

b) as crianças gostam de falar sobre esses assuntos.

c) querem ser simpáticos, mas não sabem como.

d) as crianças geralmente são muito tímidas.

CAPÍTULO 8

Discriminação... Não!

Uma é alta, a outra é baixa; este é magro, aquele é gordo; um é tímido, o outro, extrovertido... Todos somos diferentes! E talvez aí resida a beleza e o encanto de cada um de nós. Viva a diversidade! Diga **NÃO** ao preconceito!

David Martins/Arquivo da editora

1. Na cena retratada no desenho, há uma menina diante de um computador. Levante hipóteses: Quantos anos, aproximadamente, ela tem?

____

2. Observe o ambiente retratado. Em que cômodo da casa ela parece estar?

____

3. O que ela está fazendo?

____

4. Analise a expressão facial e corporal da menina e deduza:

   a) O que o gesto da menina indica?

   ____

   b) E a sua expressão facial?

   ____

   ____

5. Considerando sua resposta à atividade anterior, levante hipóteses:

   a) O que representam as palavras que estão ao redor da menina?

   ____

   ____

   b) O que pode estar ocorrendo com ela?

   ____

   ____

6 Dê um título coerente ao texto e leia-o para seus colegas.

____

____

7 Discuta com o professor e os colegas.

a) Você sabe o que é *cyberbullying*?

b) Você já passou por situação semelhante ou viu algum colega sofrer algum tipo de *cyberbullying* na internet? Se sim, comente com a turma.

c) Como você acha que a pessoa que sofre agressão deve agir?

TEXTO E INTERTEXTO

Leia a tira de Alexandre Beck, com o personagem Armandinho:

(Disponível em: https://tirasarmandinho.tumblr.com/. Acesso em: 30/3/2020.)

1 O humor da tira está no contraste entre os dois primeiros quadrinhos e o último quadrinho.

a) Lendo apenas os dois primeiros quadrinhos, temos a impressão de que os personagens falam sobre qual assunto?

____

____

b) Qual é a surpresa revelada pelo último quadrinho?

____

____

2. De acordo com a tira, como esse "mal" é transmitido?

____

3. Segundo a tira, qual é a cura desse mal?

____

4. Observe a imagem da pessoa que fala com Armandinho.

a) Provavelmente, quem é essa pessoa?

____

b) Justifique a sua resposta com base na imagem.

____

____

____

5. Compare a ilustração que abre este capítulo com a tira lida de Armandinho.

a) O que elas têm em comum?

____

____

b) Em que se diferenciam?

____

____

____

Exercícios

Observe o texto a seguir, que circulou na internet.

Reprodução/GetWallpapers

Quando chamam você de 4 olhos como se fosse a primeira vez em que você ouviu isso

(Disponível em: https://www.tudointeressante.com.br/2015/07/23-coisas-que-somente-pessoas-que-utilizam-oculos-entenderao-imediatamente.html. Acesso em: 30/3/2020.)

1 São chamadas de "quatro-olhos" pessoas que:

a) usam óculos por necessidade.

b) apreciam óculos.

c) gostam de óculos de sol.

d) usam óculos esporadicamente.

2 A expressão "quatro-olhos" é:

a) elogiosa e amorosa.

b) apropriada para quem usa óculos.

c) preconceituosa e depreciativa.

d) carinhosa.

3 O texto tem, nitidamente, a finalidade de:

a) ofender as pessoas.

b) divertir o leitor.

c) informar aos leitores.

d) denunciar problemas sociais.

4 Observe a frase:

> "Quando chamam você de 4 olhos como se fosse a primeira vez em que você ouviu isso"

O pronome **você** se dirige:

a) às pessoas em geral.

b) às pessoas que não usam óculos.

c) aos leitores que usam óculos.

d) a todos os leitores.

5 A expressão do gato revela:

a) alegria.

b) espanto.

c) tristeza.

d) ódio.

Leia o texto a seguir.

O que é cyberbullying?

A palavra **cyberbullying** consiste na **junção de duas palavras** da língua inglesa, *bullying* e *cyber*. **Cyber** é uma contração da palavra *cybernetic* (cibernético), que se refere, na Teoria da Comunicação, àquilo que está ligado à rede de informação e comunicação, mais precisamente, ao âmbito da internet. Já a palavra *bullying* é formada a partir da palavra inglesa **bully**, que significa valentão, acrescida do sufixo "ing", que indica continuidade da ação exposta em um verbo.

(Disponível em: https://brasilescola.uol.com.br/sociologia/cyberbullying.htm. Acesso em: 31/3/2020.)

Yuriy Golub/Shutterstock

6 Pelas características do texto, pode-se concluir que se trata de um:

a) convite.

b) notícia.

c) reportagem.

d) verbete.

7 A finalidade principal do texto é:

a) informar como acontece o *cyberbullying*.

b) estimular as pessoas a combater o *cyberbullying*.

c) fazer um histórico de como surgiu o *cyberbullying* e avaliar suas consequências.

d) explicar o significado da palavra ***cyberbullying*** e como foi formada.

8 Algumas palavras estão em negrito:

a) para prender a atenção do leitor durante a leitura.

b) para dar destaque à palavra descrita e ao significado de cada um de seus componentes.

c) porque a palavra ***cyberbullying*** tem origem em outra língua.

d) para organizar o texto em partes.

9 Pelo sentido da palavra inglesa ***bully***, pode-se concluir que o *bullying* e o *cyberbullying* envolvem uma relação:

a) de solidariedade para com os que sofrem agressões.

b) de amizade, em que uma pessoa se solidariza com outra quando ela sofre agressões.

c) de violência (física ou moral), em que uma pessoa quer se sobrepor a outra.

d) de compreensão entre duas pessoas quando elas se desentendem.

Leia o texto a seguir.

Por meio da empatia, usuários das redes sociais poderão compartilhar histórias e ajudar a combater agressão

Reprodução/Unicef/SaferNet

Unicef, SaferNet, Facebook e Instagram se unem em campanha sobre o *bullying*.

(Disponível em: https://emais.estadao.com.br/noticias/comportamento,unicef-e-safernet-lancam-com-apoio-do-facebook-e-instagram-campanha-contra-bullying,70002780337. Acesso em: 31/3/2020.)

10 A campanha une o Unicef (Fundo das Nações Unidas para a Infância), a SaferNet e as redes sociais Facebook e Instagram porque o objetivo dela é:

a) atingir os adultos que fazem uso das redes sociais.

b) combater a violência doméstica sofrida por crianças.

c) atingir e envolver crianças e adolescentes que fazem uso das redes sociais no combate ao *bullying*.

d) combater o *bullying* que adultos fazem contra crianças.

11 Confirmam sua resposta à questão anterior:

a) as figuras infantis que integram a campanha.

b) as cores sóbrias, preferidas pelos adultos.

c) as letras sóbrias, preferidas pelos adultos.

d) as cores fortes e contrastantes, preferidas pelos adolescentes.

12 Trata-se de uma campanha:

a) comercial.

b) política.

c) informativa, apenas.

d) educativa e preventiva.

13 A palavra ***bullying*** está escrita com letras maiores e em amarelo:

a) por ser palavra estrangeira.

b) para dar destaque ao conteúdo principal da campanha.

c) para deixar o texto mais atraente para o leitor.

d) para facilitar a leitura do texto.

14 As figurinhas que integram o texto da campanha:

a) expressam quatro diferentes atitudes que uma pessoa pode ter diante de uma cena de *bullying*.

b) mostram as reações que uma pessoa tem quando sofre *bullying*.

c) fazem a criança se posicionar, escolhendo uma das atitudes que deve tomar ao presenciar uma situação de *bullying*.

d) são exemplos de como se pratica o *bullying*.

Leia esta sinopse de filme:

IMPRENSA	USUÁRIOS	ADOROCINEMA	MEUS AMIGOS
★★★★★ 2,8 9 críticas	★★★★★ 3,6 29 notas e 5 críticas	★★★★★ 3,00	★★★★★

7 de novembro de 2019 / 1h 35min / Animação, Aventura, Família, Comédia
Direção: Chris Butler
Elenco: Hugh Jackman, Zach Galifianakis, Zoe Saldana
Nacionalidades: EUA, Canadá

VER O TRAILER

SINOPSE E DETALHES

Não recomendado para menores de 10 anos

Sir Lionel Frost (Hugh Jackman) se considera o melhor investigador de mitos e monstros do mundo. O problema é que nenhum dos seus colegas o leva a sério. Sua última chance para ganhar seu respeito é provar a existência de um ancestral primitivo do homem, conhecido como o link perdido.

(Disponível em: http://www.adorocinema.com/filmes/filme-251288/. Acesso em: 31/3/2020.)

15 Considerando que a nota máxima é 5,0, pode-se dizer que o filme foi:

a) relativamente bem avaliado pela imprensa, pelos usuários do *site* **AdoroCinema** e pelos críticos do *site*.

b) mal avaliado pela imprensa, pelos usuários do *site* **AdoroCinema** e pelos críticos do *site*.

c) muito bem avaliado pela imprensa, pelos usuários do *site* **AdoroCinema** e pelos críticos do *site*.

d) muito mal avaliado pela imprensa, pelos usuários do *site* **AdoroCinema** e pelos críticos do *site*.

16 Considerando a imagem e o texto verbal da sinopse, pode-se deduzir que o filme é indicado principalmente para o público:

a) adulto.

b) infantojuvenil.

c) de cientistas.

d) internauta.

17 O filme pertence ao gênero:

a) terror.

b) romance.

c) aventura.

d) mistério.

18 A frase:

Não recomendado para menores de 10 anos

a) é um conselho.

b) é um pedido.

c) é uma ordem.

d) é uma lei.

19 Observe esta indicação de *link*:

VER O TRAILER

Acessando o *link*, a pessoa poderá assistir:

a) a todo o filme.

b) a um trecho do filme para avaliar se gosta.

c) à metade do filme.

d) ao início e ao final do filme.

Leia a fábula a seguir.

A tartaruga e a lebre

Uma tartaruga e uma lebre discutiam sobre qual era a mais rápida. E, então, marcaram um dia e um lugar e se separaram. Ora, a lebre, confiando em sua rapidez natural, não se apressou em correr, deitou-se no caminho e dormiu. Mas a tartaruga, consciente de sua lentidão, não parou de correr e, assim, ultrapassou a lebre que dormia e chegou ao fim, obtendo a vitória.

(Esopo. *Fábulas completas*. Tradução, introdução e notas por Neide Smolka. 2. ed. São Paulo: Moderna, 2004. p. 189. Col. Travessias.)

Lelis/Arquivo da editora

20 O fator que gera o conflito da narrativa é:

a) a lebre ser mais rápida do que a tartaruga.

b) a tartaruga ser mais rápida do que a lebre.

c) a discussão entre as personagens sobre qual era mais rápida.

d) a tartaruga saber que era menos rápida do que a lebre.

21 O surpreendente resultado da corrida entre as personagens se deve ao fato de que a lebre:

a) confiou demais na sua superioridade.

b) foi esperta e parou para descansar e dormir.

c) teve mais tempo para descansar.

d) teve receio de perder a corrida para uma tartaruga.

22 Na fábula lida, o tempo e o espaço:

a) são indefinidos.

b) são claramente definidos.

c) se situam no mundo atual.

d) se situam no mundo medieval.

23 A palavra **preconceito** origina-se de pré-conceito, isto é, ter um conceito ou uma opinião antecipadamente. Na fábula, vemos exemplos de:

a) superestima da tartaruga e preconceito da lebre em relação à tartaruga.

b) superestima da lebre e preconceito da tartaruga em relação à lebre.

c) superestima da lebre e preconceito dela em relação à tartaruga.

d) superestima da tartaruga e preconceito dela em relação à lebre.

24 Toda fábula tem uma moral, ou seja, transmite um ensinamento. Assinale o ditado popular que mais se aproxima da moral da fábula lida.

a) Pão, pão; queijo, queijo!

b) Devagar e sempre!

c) Quem não tem cão, caça com gato!

d) Casa de ferreiro, espeto de pau!

Leia o texto a seguir.

"A cor de Coraline" (Rocco, 2016)

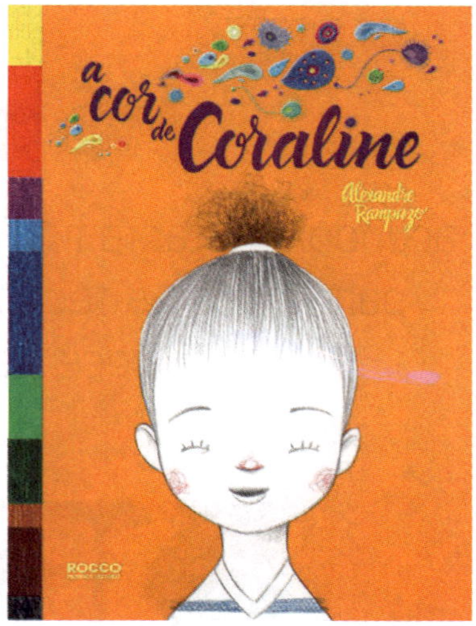

Alexandre Rampazo/Editora Rocco

"Me passa o lápis cor de pele?". É essa pergunta que move o livro de Alexandre Rampazo, lançado no ano passado. Mas afinal, *"cor de pele é uma só?"*, questiona a personagem. Ao colocar uma criança negra no centro dessa pergunta, o autor propõe uma reflexão sobre identidade, representatividade, empatia e consciência sobre a pluralidade. A história também chama a atenção para como o preconceito é socialmente construído, e, portanto, aprendido pelas crianças a partir da atitude dos adultos.

(Disponível em: https://lunetas.com.br/livros-para-falar-sobre-preconceito/. Acesso em: 31/3/2020.)

25 Pelas características do texto, pode-se concluir que ele é:

a) um conto.
b) uma crônica.
c) uma resenha crítica.
d) uma notícia.

26 O tema central da obra comentada é o(a):

a) amor.
b) solidariedade.
c) amizade.
d) preconceito.

27 O livro propõe uma reflexão sobre:

a) a pluralidade étnica ou racial.
b) as cores dos lápis de cor.
c) os problemas de pele.
d) o relacionamento entre adultos e crianças.

28 Observe a capa do livro ao lado do texto.

Pela imagem, pelas cores e pelo uso de outros recursos gráficos, pode-se dizer que o livro é voltado principalmente para o público:

a) adulto.
b) infantil.
c) feminino.
d) masculino.

CAPÍTULO 9

Mundo tecnológico

Facebook, Instagram, WhatsApp... Redes sociais e aplicativos para tudo e para todos... A tecnologia que mudou nossa vida e veio para ficar. E você, como se insere nesse mundo digital?

(Disponível em: https://maternidadesimples.com.br/. Acesso em: 31/3/2020.)

1. O infográfico apresenta resultados de uma pesquisa.

   a) Quem realizou a pesquisa?

   ____

   b) A pedido de quem foi feita a pesquisa?

   ____

   ____

   c) Qual é o objetivo da pesquisa?

   ____

2. De modo geral, qual é o tema do infográfico?

   ____

3. Geralmente, a idade mínima para se ter uma conta nas redes sociais é de 13 anos.

   a) De acordo com o infográfico, a partir de qual idade as crianças já estão ativas na internet?

   ____

   b) Levante hipóteses: Por que a idade indicada não é respeitada pelas crianças e pelos adolescentes? Discuta com o professor e os colegas.

4. Levante hipóteses:

   a) Por que os adolescentes escondem ou apagam as mensagens do celular?

   ____

   b) Por que preferem o celular ao computador?

   ____

5 Segundo o infográfico, 20% dos adolescentes se encontrariam com pessoas que conheceram na internet.

a) Você considera uma porcentagem alta? Responda oralmente.

b) Quais poderiam ser as consequências negativas desses encontros? Discuta com o professor e os colegas.

6 Em relação às postagens feitas pelas crianças e pelos adolescentes:

a) O que eles mais postam? ____________________

b) Quais dados postados podem trazer problemas de segurança?

____

____

7 Os médicos aconselham crianças de 5 a 13 anos a utilizar dispositivo móvel ou computador apenas duas horas ao dia. De acordo com o infográfico:

a) As crianças têm seguido essa orientação? Justifique sua resposta.

____

b) Levante hipóteses: Por que isso acontece?

____

____

8 Discuta com os colegas e o professor as seguintes questões.

- Você participa das redes sociais? O que mais gosta de fazer na internet? Utiliza a internet nos estudos? De que forma?
- Você concorda com a idade mínima proposta para participar das redes sociais? Se não, qual deveria ser a idade mínima? Por quê?
- Você acha que os pais devem saber por onde os filhos navegam na internet?
- Quais são os perigos da internet para crianças e adolescentes?

Os países mais "sociais"

Tempo médio gasto com mídia social

Ranking	País	Minutos (2019)	Minutos (2018)
1	Filipinas	241	248
2	Brasil	225	219
3	Colômbia	216	214
4	Nigéria	216	206
5	Argentina	207	197
6	Indonésia	195	203
7	Emirados Árabes	191	180
8	México	190	194
9	África do Sul	190	178
10	Egito	186	185
12	Arábia Saudita	186	172
13	Turquia	185	172
18	Rússia	148	141
19	Índia	145	148
22	China	139	120
25	EUA	117	125

Fonte: GlobalWebIndex, 2019.

(Disponível em: https://epocanegocios.globo.com/Tecnologia/noticia/2019/09/brasil-e-2-em-ranking-de-paises-que-passam-mais-tempo-em-redes-sociais.html. Acesso em: 31/3/2020.)

1 Observe o *ranking* em relação ao tempo gasto diariamente nas redes sociais.

a) Os brasileiros passam muito tempo em redes sociais? Justifique sua resposta.

____

____

____

b) Comparando o tempo diário de 2019 com o de 2018, constatamos que os brasileiros estão aumentando ou diminuindo o tempo de uso da internet? Justifique sua resposta.

____

____

____

____

2 Observe o título e o subtítulo do texto:

> **Os países mais "sociais"**
> Tempo médio gasto com mídia social

a) A palavra **sociais**, escrita entre aspas, apresenta duplo sentido no contexto. Explique por quê.

____

____

____

b) O que significa **tempo médio**?

____

____

____

____

3 Entre os países a seguir, em qual deles a população passa mais tempo na internet?

- Índia
- China
- Estados Unidos
- Colômbia

4 A respeito da situação de produção do texto, responda:

a) Quem produziu a pesquisa?

____

____

b) Observe a fonte do texto. Onde ele foi publicado?

____

____

c) Qual é a finalidade desse órgão de imprensa ao divulgar o *ranking*?

____

____

____

5 Compare o infográfico “Crianças na internet” com a tabela “Os países mais ‘sociais’” e responda:

a) O que os textos apresentam em comum?

____

____

b) Que diferenças eles apresentam entre si?

____

____

____

____

Exercícios

Leia a tira a seguir.

(Disponível em: https://tirasarmandinho.tumblr.com/. Acesso em: 31/3/2020.)

1 Quando Armandinho quer brincar de telefone sem fio, ele se refere:

a) ao celular.

b) a uma antiga brincadeira infantil.

c) ao telefone fixo.

d) a fazer pesquisa no celular.

2 O que cria humor na tira é o fato de as crianças pensarem que a brincadeira era:

a) individual.

b) de fazer pesquisas na internet.

c) por meio de um telefone celular.

d) coletiva.

3 No primeiro quadrinho, em relação à proposta de Armandinho, a expressão facial das crianças demonstra que elas ficaram:

a) alegres e gostaram da proposta.

b) alegres, mas não gostaram da proposta.

c) tristes, porque não gostaram da proposta.

d) indiferentes à proposta.

4 No último quadrinho, a expressão corporal e facial das crianças demonstra que elas estão:

a) desconcentradas na brincadeira.

b) indiferentes à brincadeira.

c) concentradas em seus celulares.

d) sem vontade de brincar.

5 A expressão facial e corporal de Armandinho demonstra que, com a reação dos amigos, ele ficou:

a) alegre.

b) triste.

c) desapontado.

d) agressivo.

Leia o quadro abaixo.

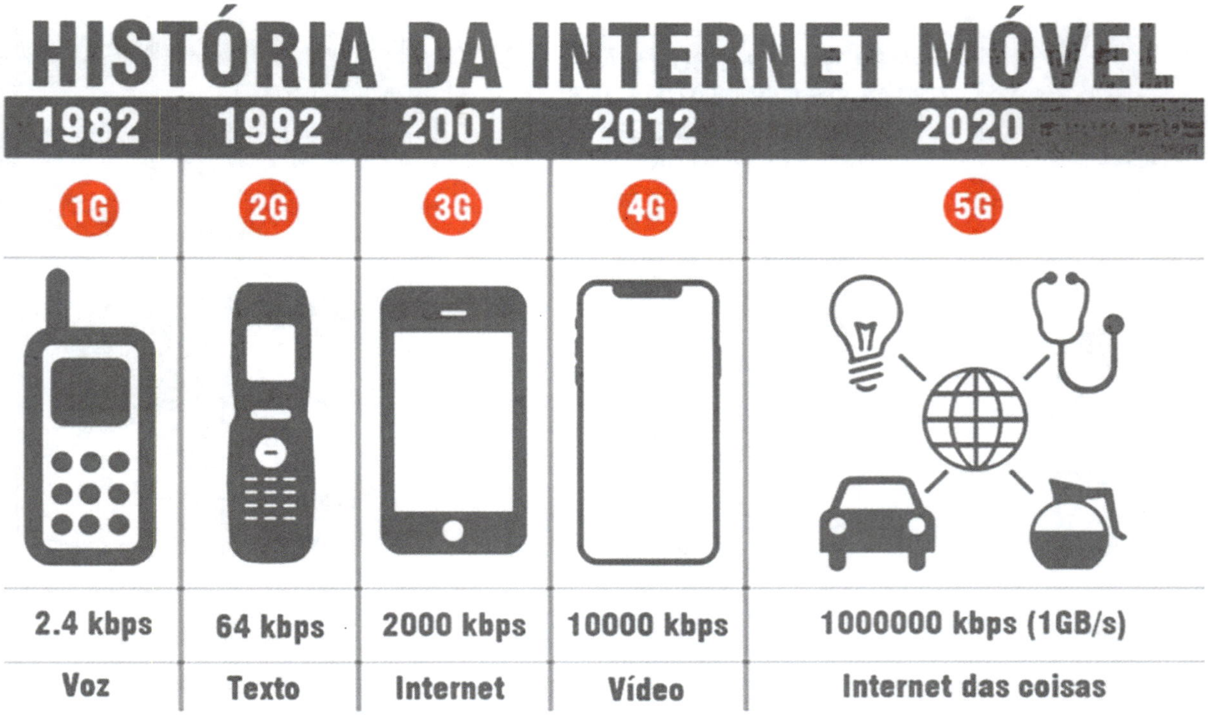

Evolução da internet móvel

(Disponível em: www.oficinadanet.com.br/tecnologia/23058-qual-a-diferenca-entre-3g-4g-4g-5g-e-lte-conheca-os-tipos-de-internet-movel. Acesso em: 2/4/2020.)

6 A história da internet móvel é demonstrada, no texto, no período de quase:

a) 4 décadas.

b) 3 décadas.

c) 2 décadas.

d) 1 década.

7 Em relação à tecnologia, as imagens demonstram que os celulares evoluíram:

a) somente na forma.

b) muito pouco quanto à forma e à capacidade.

c) somente em relação à capacidade.

d) em relação à forma e à capacidade.

8 O conceito **internet das coisas** significa:

a) conexão com internautas.

b) conexão com outros celulares móveis.

c) interconexão digital de objetos cotidianos com a internet.

d) interconexão de pessoas.

Leia o cartum a seguir.

(Disponível em: www.arionaurocartuns.com.br/2018/11/charge-tecnologia-celular.html. Acesso em: 2/4/2020.)

9 Os pais estão enviando uma mensagem ao filho pelo celular. O balão do primeiro quadrinho representa:

a) a fala de um narrador.
b) uma mensagem de texto.
c) a resposta do filho.
d) a fala do pai.

10 Em relação à postura do filho, a expressão facial dos pais demonstra:

a) alegria.
b) descontração.
c) preocupação.
d) indiferença.

11 O humor do cartum é decorrente do fato:

a) de pais e filho estarem na mesma casa, mas se comunicando virtualmente.
b) de o filho se isolar no quarto.
c) de os pais chamarem para jantar.
d) de o filho estar na cama teclando.

12 De modo geral, os cartuns apresentam humor e uma visão crítica sobre o tema retratado. No caso do cartum lido, a crítica recai sobre:

a) os pais, que educam mal seus filhos.
b) o uso exagerado das tecnologias, que chega a prejudicar os relacionamentos.
c) as famílias que têm pouco diálogo para resolver seus problemas.
d) a falta de meios de comunicação mais eficientes.

Leia os dois textos, a seguir, sobre a tecnologia 5G.

Texto 1

Internet 5G é lançada na Coreia do Sul e nos EUA

jamesteohart/Shutterstock

Coreia do Sul e Estados Unidos se tornaram os primeiros países a oferecer o serviço 5G, uma conexão de internet para celular extremamente veloz. A novidade, que começou a funcionar em abril em algumas regiões da Coreia e dos EUA, pode ser até 20 vezes mais rápida do que o 4G, rede que até então era a mais moderna do mundo.

Além da alta velocidade, o serviço 5G tem mais estabilidade e cobertura do que o antecessor. Essas características possibilitam downloads mais velozes, navegações mais eficientes na internet e desenvolvimento de "tecnologias do futuro" — segundo especialistas, carros que não precisam de motorista, por exemplo, serão beneficiados com a chegada do 5G.

No Brasil, o 5G começou a ser testado em 2016, mas só deve chegar aos usuários de celular em 2023.

Linhas móveis usadas pelos brasileiros (dados da Anatel de 2018)

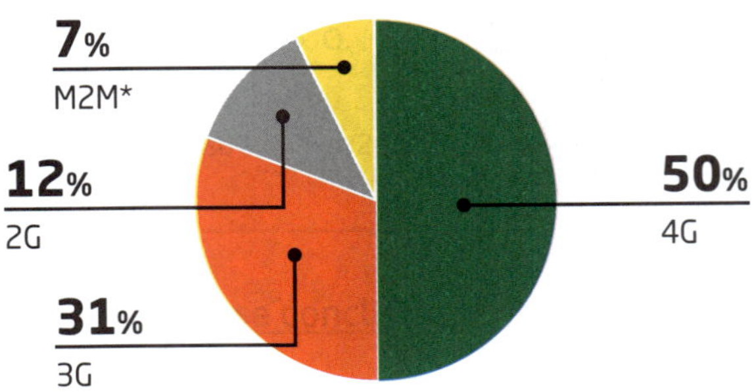

#pracegover: um gráfico mostra porcentagens, da forma descrita a seguir: 50% para 4G (na cor verde); 31% para 3G (na cor laranja); 12% para 2G na cinza; 7% para M2M (na cor amarela), sigla para máquina a máquina (interliga sistemas de rede a dispositivos remotos). Imagem: reprodução.

A letra "G", vista em 4G e 5G, significa "geração". Conforme a tecnologia vai avançando, novas gerações vão surgindo. A internet 4G, por exemplo, é mais rápida do que a 3G.

Como a tecnologia móvel evoluiu ao longo dos anos

1G – 1ª geração: 1980, apenas voz.

2G – 2ª geração: 1991, voz e mensagens.

3G – 3ª geração: 2001, voz, navegação móvel na web, vídeos, compartilhamento de imagens etc.

4G – 4ª geração: 2010, voz, vídeos HD, internet mais rápida do que a oferecida na 3ª geração, entre outros.

5G – 5ª geração: 2020, voz, vídeos 3D, internet mais rápida até o momento.

#pracegover: a ilustração traz imagens dos mapas dos estados de São Paulo, Minas Gerais e Rio de Janeiro, junto a telefones celulares ilustrados nas cores preta, vermelha e azul, junto às seguintes informações – São Paulo: 62 milhões de usuários; Minas Gerais: 22 milhões de usuários; Rio de Janeiro: 20 milhões de usuários. Imagem: reprodução e Getty Images.

(Disponível em: www.jornaljoca.com.br/internet-5g-e-lancada-na-coreia-do-sul-e-nos-eua/. Acesso em: 2/4/2020. Notícia publicada originalmente na edição 130 do jornal *Joca*.)

Texto 2

A radiação da tecnologia 5G faz mal à saúde?

A quinta geração de internet móvel, 5G, que entrou em operação recentemente em algumas cidades do Reino Unido, tem gerado diversos questionamentos sobre eventuais riscos da radiação à saúde.

A nova tecnologia — que funciona desde abril na Coreia do Sul e em algumas partes dos Estados Unidos — ainda está em fase de testes no Brasil, onde deve estar disponível por volta de 2023.

Mas será que essas preocupações em relação à saúde têm fundamento?

Andrey Suslov/Shutterstock

O que tem de diferente no 5G?

Assim como as tecnologias móveis anteriores, as redes 5G dependem de sinais transportados por ondas de rádio — parte do espectro eletromagnético — transmitidas entre uma antena e o seu telefone celular.

Estamos cercados o tempo todo de radiação eletromagnética — provenientes de sinais de rádio e televisão, assim como de uma série de tecnologias, incluindo smartphones, e de fontes naturais, como a luz solar.

O 5G usa ondas de frequência mais altas do que as redes móveis anteriores, permitindo que mais dispositivos tenham acesso à internet ao mesmo tempo e numa velocidade mais rápida.

Essas ondas percorrem distâncias mais curtas pelos espaços urbanos, de modo que as redes 5G exigem mais antenas transmissoras do que as tecnologias anteriores, posicionadas mais perto do nível do solo.

Quais são as preocupações?

A radiação eletromagnética usada por todas as tecnologias de telefonia móvel levou algumas pessoas a se preocuparem com o eventual aumento dos riscos à saúde, incluindo certos tipos de câncer.

Em 2014, a Organização Mundial da Saúde (OMS) afirmou que "não foi constatado nenhum efeito adverso à saúde causado pelo uso de telefones celulares".

No entanto, a OMS junto à Agência Internacional de Pesquisa sobre o Câncer (IARC, na sigla em inglês) classificaram toda radiação de radiofrequência (da qual os sinais de celular fazem parte) como "possivelmente cancerígena".

Ela foi inserida nesta categoria porque "há evidências que não chegam a ser conclusivas de que a exposição pode causar câncer em seres humanos".

(Disponível em: https://g1.globo.com/economia/tecnologia/noticia/2019/07/15/a-radiacao-da-tecnologia-5g-faz-mal-a-saude.ghtml. Acesso em: 2/4/2020.)

13 De acordo com o texto 1, o 5G é necessário porque:

a) as pessoas gostam de inovação tecnológica.
b) os celulares precisam de tecnologia.
c) o mundo moderno exige uma internet de melhor qualidade.
d) o mundo não gosta de tecnologia.

14 Segundo os dados da Anatel, a geração mais usada na data de publicação do texto 1, no Brasil, é a:

a) 2G, por ser mais rápida que a 4G.
b) 3G, por ser mais rápida que a 2G.
c) 5G, por ser a mais rápida de todas.
d) 4G, por ser a mais rápida de todas.

15 Observe novamente o infográfico:

De acordo com ele, o Estado brasileiro em que mais se usa o telefone celular é:

a) São Paulo.
b) Paraná.
c) Minas Gerais.
d) Rio de Janeiro.

16 De acordo com o texto 2, as preocupações com a radiação da nova tecnologia 5G são:

a) um fato.
b) uma opinião.
c) uma hipótese.
d) uma crença popular.

17 Segundo a Agência Internacional para Pesquisa em Câncer (IARC, na sigla em inglês), a radiação de radiofrequência é classificada como:

a) cancerígena.
b) possivelmente cancerígena.
c) dificilmente cancerígena.
d) certamente cancerígena.

18 Compare os dois textos. Eles têm em comum:

a) os problemas de saúde causados pelas novas tecnologias.

b) o uso da tecnologia 5G.

c) os riscos da radiação eletromagnética na nova tecnologia 5G.

d) o aumento do número de celulares no mundo.

19 Em relação à internet 4G, a internet 5G apresenta uma velocidade:

a) igual à internet 4G.

b) até 20 vezes maior.

c) até 10 vezes maior.

d) até 10 vezes menor.

20 Embora os textos comentem o mesmo assunto, o foco do texto 2 é (são):

a) a comparação da 5G com as gerações anteriores.

b) as novas tecnologias promovidas pelos Estados Unidos e pela China.

c) o excesso de radiação eletromagnética na nova tecnologia 5G.

d) a classificação de toda radiação de radiofrequência no mundo.

21 Assinale a alternativa que julgar correta:

a) O texto 2 comenta apenas os aspectos positivos da 5G; enquanto o texto 1 comenta os aspectos positivos e negativos, gerando, portanto, questionamentos quanto à nova tecnologia.

b) Os dois textos comentam aspectos positivos da nova tecnologia.

c) Os dois textos comentam aspectos positivos e negativos da 5G.

d) O texto 1 comenta apenas os aspectos positivos da 5G, enquanto o texto 2 comenta aspectos positivos e negativos, proporcionando ao leitor um olhar mais crítico em relação à nova tecnologia.

CAPÍTULO 10

Queres um amigo? Cativa-me!

O que é necessário para conquistar um amigo? O que é ser um amigo de verdade? Como saber se uma pessoa é nossa amiga? Amizade se ensina?

Um dos livros mais conhecidos do mundo é *O Pequeno Príncipe*, de Antoine de Saint-Exupéry.

O livro conta a história de um aviador que teve problemas com seu avião e pousou no deserto do Saara. Ali encontra um menininho com roupas diferentes e cabelos cor de trigo. Os dois começam a conversar e se tornam amigos.

O aviador fica sabendo que o menino vivia em outro planeta e tinha saído de lá em busca de aventuras. Em cada lugar por onde passava, aprendia muitas lições sobre a vida.

O texto que segue é um fragmento do livro, e nele é narrado o encontro do pequeno príncipe com uma raposa.

XXI

E foi então que apareceu a raposa:

— Bom dia — disse a raposa.

— Bom dia — respondeu educadamente o pequeno príncipe, que, olhando a sua volta, nada viu.

— Eu estou aqui — disse a voz — debaixo da macieira...

— Quem és tu? — perguntou o principezinho. — Tu és bem bonita...

— Sou uma raposa — disse a raposa.

— Vem brincar comigo — propôs ele. — Estou tão triste...

— Eu não posso brincar contigo — disse a raposa. — Não me cativaram ainda.

— Ah! desculpa — disse o principezinho.

Mas, após refletir, acrescentou:

— Que quer dizer "cativar"?

— Tu não és daqui — disse a raposa. — Que procuras?

— Procuro os homens — disse o pequeno príncipe. — Que quer dizer "cativar"?

— Os homens — disse a raposa — têm fuzis e caçam. É assustador! Criam galinhas também. É a única coisa que fazem de interessante. Tu procuras galinhas?

— Não — disse o príncipe. — Eu procuro amigos. — Que quer dizer "cativar"?

— É algo quase sempre esquecido — disse a raposa. — Significa "criar laços"...

— Criar laços?

— Exatamente — disse a raposa. — Tu não és ainda para mim senão um garoto inteiramente igual a cem mil outros garotos. E eu não tenho necessidade de ti. E tu também não tens necessidade de mim. Não passo a teus olhos de uma raposa igual a cem mil outras raposas. Mas, se tu me cativas, nós teremos necessidade um do outro. Serás para mim único no mundo. Eu serei para ti única no mundo...

— Começo a compreender — disse o pequeno príncipe. — Existe uma flor... eu creio que ela me cativou...

— É possível — disse a raposa. — Vê-se tanta coisa na Terra...

— Oh! não foi na Terra — disse o principezinho.

A raposa pareceu intrigada:

— Num outro planeta?

— Sim.

— Há caçadores nesse planeta?

— Não.

— Que bom! E galinhas?

— Também não.

— Nada é perfeito — suspirou a raposa.

Mas a raposa retomou o seu raciocínio.

— Minha vida é monótona. Eu caço as galinhas e os homens me caçam. Todas as galinhas se parecem e todos os homens também. E isso me incomoda um pouco. Mas, se tu me cativas, minha vida será como que cheia de sol. Conhecerei um barulho de passos que será diferente dos outros. Os outros passos me fazem entrar debaixo da terra. Os teus me chamarão para fora da toca, como se fosse música. E depois, olha! Vês, lá longe, os campos de trigo? Eu não como pão. O trigo para mim não vale nada. Os campos de trigo não me lembram coisa alguma. E isso é triste! Mas tu tens cabelos dourados. Então será maravilhoso quando me tiveres cativado. O trigo, que é dourado, fará com que eu me lembre de ti. E eu amarei o barulho do vento no trigo...

A raposa calou-se e observou por muito tempo o príncipe:

— Por favor... cativa-me! — disse ela.

— Eu até gostaria — disse o principezinho —, mas não tenho muito tempo. Tenho amigos a descobrir e muitas coisas a conhecer.

— A gente só conhece bem as coisas que cativou — disse a raposa. — Os homens não têm mais tempo de conhecer coisa alguma. Compram tudo já pronto nas lojas. Mas como não existem lojas de amigos, os homens não têm mais amigos. Se tu queres um amigo, cativa-me!

— Que é preciso fazer? — perguntou o pequeno príncipe.

— É preciso ser paciente — respondeu a raposa. — Tu te sentarás primeiro um pouco longe de mim, assim, na relva. Eu te olharei com o canto do olho e tu não dirás nada. A linguagem é uma fonte de mal-entendidos. Mas, cada dia, te sentarás um pouco mais perto...

No dia seguinte o príncipe voltou.

— Teria sido melhor se voltasses à mesma hora — disse a raposa. — Se tu vens, por exemplo, às quatro da tarde, desde as três eu começarei a ser feliz! Quanto mais a hora for chegando, mais eu me sentirei feliz. Às quatro horas, então, estarei inquieta e agitada: descobrirei o preço da felicidade! Mas se tu vens a qualquer momento, nunca saberei a hora de preparar meu coração... É preciso que haja um ritual.

— Que é um "ritual"? — perguntou o principezinho.

— É uma coisa muito esquecida também — disse a raposa. — É o que faz com que um dia seja diferente dos outros dias; uma hora, das outras horas. Os meus caçadores, por exemplo, adoram um ritual. Dançam na quinta-feira com as moças da aldeia. A quinta-feira é então o dia maravilhoso! Vou passear até à vinha. Se os caçadores dançassem em qualquer dia, os dias seriam todos iguais, e eu nunca teria férias!

Assim o pequeno príncipe cativou a raposa. Mas, quando chegou a hora da partida, a raposa disse:

— Ah! Eu vou chorar.

— A culpa é tua — disse o principezinho. — Eu não queria te fazer mal; mas tu quiseste que eu te cativasse...

— Quis — disse a raposa.

— Mas tu vais chorar! — disse ele.

— Vou — disse a raposa.

— Então, não terás ganho nada!

— Terei, sim — disse a raposa — por causa da cor do trigo.

[...]

(48. ed. Tradução de Dom Marcos Barbosa. Rio de Janeiro: Agir, 2000. p. 66-70.)

1 Em relação ao texto lido, responda:

a) Por que o pequeno príncipe não sabia o que é uma raposa?

____

____

b) Por que a raposa não aceita o convite do pequeno príncipe para brincar com ela?

____

____

c) O que significa a palavra **cativar**, no contexto?

2 Ao ouvir o pequeno príncipe dizer que em sua terra não havia caçadores nem galinhas, a raposa diz: "Nada é perfeito". Ao fazer esse comentário, ela pensava nos caçadores ou nas galinhas?

3 A raposa diz ao pequeno príncipe que sua vida era monótona.

a) O que poderia mudar a vida dela?

b) Esse fato torna-se importante para a história do pequeno príncipe? Justifique sua resposta.

4 A raposa propõe ao pequeno príncipe que ele a cative.

a) No caso de ser cativada, por que o som dos passos do menino a conduziria para fora da toca?

b) Por que ela pensaria no menino ao ver o trigo dourado?

5) Qual dos trechos abaixo mostra que o pequeno príncipe inicialmente não aceitou a proposta da raposa?

a) "Que é um 'ritual'?"

b) "Eu até gostaria — disse o principezinho —, mas não tenho muito tempo."

c) "Que é preciso fazer?"

6) Segundo a raposa, "A gente só conhece bem as coisas que cativou.". Na opinião dela, as pessoas de hoje cativam umas às outras? Por quê?

___

___

___

7) No dia seguinte ao do primeiro encontro, o pequeno príncipe volta ao lugar onde estava a raposa.

a) Ele aceitou o desafio dela? O que permite afirmar isso?

___

___

___

b) Por que, na opinião da raposa, deve haver rituais?

___

___

___

c) Qual das frases abaixo confirma a resposta do item anterior?

- "[...] os homens não têm mais amigos."
- "Mas, se tu me cativas, minha vida será como que cheia de sol."
- "Quanto mais a hora for chegando, mais eu me sentirei feliz."

8 No final do texto, os dois amigos se separam.

a) Qual é a prova de que a raposa foi cativada pelo pequeno príncipe?

____

____

b) O que a raposa quis dizer com a frase "Terei, sim [ganho algo,] por causa da cor do trigo."? Explique.

____

____

____

9 Você já cativou alguém? Como é o seu relacionamento com essa pessoa? Conte para a turma.

____

____

____

PALAVRAS EM CONTEXTO

1 Observe esta frase do texto:

> Que quer dizer "cativar"?

a) Por que, na frase, há o emprego de aspas na palavra **cativar**?

____

____

b) Que outro recurso o autor do texto poderia ter utilizado na frase para criar o mesmo efeito que o obtido com as aspas?

____

____

____

2 Observe estes trechos do texto:

- "Quem és tu? — perguntou o principezinho. — Tu és bem bonita..."
- "Tu não és daqui — disse a raposa. — Que procuras?"

O príncipe e a raposa se tratam por **tu**. Em alguns Estados do Brasil, esse pronome, **tu**, é o mais usado no tratamento entre as pessoas.

a) Que outro pronome poderia ter sido empregado no lugar de **tu**? Como ficariam os trechos?

____

____

____

____

b) Na cidade em que você vive, que pronome é mais usado no tratamento entre as pessoas: **tu** ou **você**?

____

____

3 No trecho "Serás para mim único no mundo. Eu serei para ti única no mundo...", qual é o sentido da palavra **único(a)**?

____

____

Observe com atenção este cartum, de Mordillo:

(*Mordillo para amigos dos cães*. Lisboa: Meribérica, 1997.)

1. Repare nos personagens e no lugar retratados no cartum.

   a) O que o homem e o cachorro estão fazendo nesse lugar?

   ____

   b) Que tipo de lugar é esse?

   ____

2. Observe a posição do cachorro e do homem.

   a) O que o homem e o cachorro estão fazendo?

   ____

   ____

   ____

   b) Que tipo de relação você imagina que há entre o homem e o cão? Justifique sua resposta.

   ____

   ____

3. Quais dos sentimentos abaixo o cão provavelmente tem por seu dono?

   a) submissão

   b) amizade

   c) companheirismo

   d) raiva

4. Compare o cartum de Mordillo com o texto extraído do livro *O Pequeno Príncipe*. Que semelhança você observa entre os dois textos quanto à maneira como abordam o tema **amizade**?

5. Dizem que o cão é o melhor amigo do homem. Você concorda com essa afirmação? Por quê?

Exercícios

Leia o texto a seguir e responda às questões 1 a 6.

Pisadas suspeitas

Joaquim machucou o pé jogando futebol e precisou enfaixá-lo. Como terá que andar alguns dias com muletas, seus amigos resolveram visitá-lo.

— Venha brincar na rua com a gente! — chama seu amigo Rubens.

— Tudo bem — respondeu ele. — Mas tenho que andar devagar!

Quando chegam à rua, todos parecem esquecer dele e correm atrás da bola. Joaquim fica sozinho com suas muletas.

— Ei! Esperem por mim! — grita ele, aborrecido.

Mas seus amigos já haviam desaparecido. Na rua deserta, ouve-se um barulho de pisadas e Joaquim olha para trás, mas, como não vê ninguém, continua caminhando: primeiro as muletas, depois um passo à frente, outra vez as muletas, mais um passo...

Ele volta a ouvir as pisadas atrás de si e, quando se vira, vê uma sombra que se esconde rapidamente atrás de uma esquina. Seu coração dispara e ele se apoia na parede para não cair. Uma sombra alongada vai se aproximando, acompanhada de um estranho barulho: cloc, catacloc, cloc, catacloc.

De repente, com um salto, aparece seu amigo Rubens, que também estava usando muletas.

— Aaaai! Que susto você me deu! — grita Joaquim.

— Queria fazer uma surpresa — diz seu amigo. — Peguei essas muletas que tinha em casa, assim posso acompanhar você e caminharemos ao mesmo passo...

(*Contos de 1 minuto.* Tradução de Maria Luisa de Abreu Lima Paz. Barueri: Girassol, 2004. p. 26.)

Jean Galvão/Arquivo da editora

1. Os personagens principais do conto são:
   a) Joaquim e seus amigos.
   b) Joaquim, seus amigos e Rubens.
   c) Joaquim e Rubens.
   d) Rubens e seus amigos.

2. O espaço onde as crianças brincam é uma rua:
   a) movimentada, pois nela circulam muitos automóveis.
   b) calma, pois nela é possível jogar bola.
   c) deserta, pois Joaquim sente medo.
   d) perigosa, pois Joaquim se machucou.

3. O conflito da narrativa se inicia quando:
   a) Joaquim machuca o pé jogando futebol.
   b) os amigos vão visitar Joaquim.
   c) Joaquim precisa andar de muletas.
   d) Joaquim ouve um barulho de pisadas.

4. No trecho correspondente ao parágrafo que se inicia com "Ele volta" e vai até "cloc, catacloc, cloc, catacloc", o personagem vive uma situação de:
   a) amor.
   b) curiosidade.
   c) suspense.
   d) vingança.

5. A decisão de Rubens de também usar muletas é uma prova de:
   a) interesse.
   b) solidariedade.
   c) sofrimento.
   d) saúde.

6. O título do texto se refere:
   a) ao pé machucado de Joaquim.
   b) à corrida dos amigos atrás da bola.
   c) ao barulho das muletas.
   d) ao barulho das muletas de Rubens.

Leia o poema a seguir. Depois, responda às questões 7 a 10.

Irmão menor

Irmão menor
é pior
que catapora.
Irmãozinho
é pior do que carniça,
é pior do que injeção.

Mexe no que é meu,
rabisca meu caderno,
perde meu carrinho,
e eu fico de castigo
se lhe dou um safanão.

É praga, é prega,
é sarampo, é varicela!

E não venha
achar estranho
só porque dei uma surra
no danado do moleque
que xingou o meu irmão.

Eu posso xingar.
Os outros, não!

(Pedro Bandeira. *Cavalgando o arco-íris*. São Paulo: Moderna, 2002. p. 14.)

David Martins/Arquivo da editora

7 No poema, o irmão é comparado a coisas:

a) boas.
b) saudáveis.
c) desagradáveis.
d) toleráveis.

8 O irmão menor, na opinião do irmão maior, é um menino:

a) quieto.
b) travesso.
c) birrento.
d) ciumento.

9 Quando o menino bate no irmão menor, quem o coloca de castigo são, provavelmente:

a) os amigos.
b) os vizinhos.
c) os pais.
d) os professores.

10 O sentimento que o menino tem pelo irmão menor é de:

a) às vezes raiva, às vezes proteção.

b) proteção, apenas.

c) raiva, apenas.

d) indiferença.

Leia o texto a seguir e responda às questões 11 a 13.

Dia do amigo: qual é a data comemorativa "certa"?

Jose Luis Pelaez Inc/Getty Images

Se você foi surpreendida por uma mensagem de Feliz Dia do Amigo nesta quarta (18), não estranhe. É que 18 de abril, no Brasil, é uma das pelo menos três datas em que se celebra o Dia do Amigo. Sendo uma data comemorativa informal não ligada a nenhum feriado ou lei fica difícil definir qual é o dia "correto" para comemorar a amizade.

A data mais consagrada, no Brasil, é o 20 de julho. É nessa data que nossos vizinhos Argentina e Chile também comemoram suas amizades, inclusive com trocas de presentes. De acordo com a Organização das Nações Unidas, a ONU, a data oficial seria 30 de julho. E outros países, ainda, escolhem celebrar no primeiro domingo de agosto.

(Disponível em: https://mdemulher.abril.com.br/estilo-de-vida/dia-do-amigo-afinal-de-contas-qual-e-a-data-comemorativa-certa/. Acesso em: 4/4/2020.)

11 De acordo com as características, o texto é:

a) um conto.

b) uma crônica.

c) uma notícia.

d) um anúncio publicitário.

12 Segundo o texto, a data em que se comemora o Dia do Amigo:

a) é bem definida, pois trata-se de um feriado nacional.

b) não é definida, pois trata-se de uma data de comemoração informal.

c) é a mesma em todos os países da América Latina.

d) é comemorada mundialmente.

13 De acordo com a ONU, a data oficial é:

a) 18 de abril.

b) 20 de julho.

c) 30 de julho.

d) primeiro domingo de agosto.

Leia os textos a seguir.

Texto 1

Bolo de Coca-Cola

Ingredientes

½ xícara de chá de margarina
2 xícaras de chá de açúcar
4 ovos
3 xícaras de chá de farinha de trigo
1 xícara de chá de chocolate em pó
1 colher de sopa de fermento em pó
2 xícaras de chá de Coca-Cola
1 colher de café de sal (se a margarina for salgada não precisa usar o sal)

Modo de fazer

1 – Bata na batedeira ½ xícara de chá de margarina e o açúcar.

2 – Separe as gemas das claras e reserve as claras. Adicione as 4 gemas à margarina e deixe bater bem.

3 – Num recipiente à parte, peneire juntos 3 xícaras de chá de farinha de trigo, o chocolate e o fermento em pó. Reserve.

4 – Despeje 1 xícara de chá de refrigerante na mistura de gema e margarina e mexa bem com uma colher de pau, sem bater.

5 – Acrescente, aos poucos, os ingredientes secos reservados e o sal (se for utilizá-lo) e mexa até misturar bem. Adicione a bebida restante, sem bater.

6 – Lave as pás da batedeira e seque-as bem. Bata as 4 claras em neve.

7 – Adicione a clara batida à mistura anterior, sem bater, só mexendo delicadamente.

8 – Coloque a mistura numa forma grande, quadrada ou redonda, bem untada com margarina e bem enfarinhada.

9 – Leve ao forno quente para assar por 1 hora. Faça o teste do palito: espete-o na massa; se ele sair seco, o bolo estará pronto.

Cobertura de chocolate

Ingredientes

1 lata de creme de leite
2 colheres de sopa de açúcar
2 colheres de sopa de margarina
2 colheres de sopa de chocolate em pó
1 colher de chá de fermento em pó

Modo de fazer

Coloque todos os ingredientes numa panela pequena e leve ao fogo. Mexa até engrossar. Retire do fogo e distribua a cobertura ainda quente sobre o bolo.

(Ziraldo. *O livro de receitas do Menino Maluquinho*. São Paulo: Melhoramentos, 2002. p. 22-23.)

Texto 2

Receita da vovó

Açúcar, manteiga, gemas,
Bater até esbranquiçar.
Mexer de leve a farinha
Mais o leite (com o fermento)
Pra fazer a massa inchar.
Por fim, a clara em fumaça
Clara-nuvem, clara-neve.
Forno quente feito ninho,
Pois em calor de carinho
O bolo assa sorrindo,
Fica fofo como o beijo
Que a doceira quer no gosto
De prender namoradinho.

(Elza Beatriz. *Caderno de segredos.* São Paulo: FTD, 1989. p. 46.)

Biry Sarkis/Arquivo da editora

14 Comparando-se os dois textos, pode-se afirmar:

a) Enquanto o texto 1 tem por objetivo ensinar a fazer um bolo de Coca-Cola e, para isso, cita todos os ingredientes necessários e descreve, passo a passo, o modo de fazer, o texto 2 tem por objetivo encantar e sensibilizar o leitor.

b) Enquanto o texto 2 tem por objetivo ensinar a fazer um bolo de Coca-Cola e, para isso, cita todos os ingredientes necessários e descreve, passo a passo, o modo de fazer, o texto 1 tem por objetivo encantar e sensibilizar o leitor.

c) Os dois textos têm por objetivo ensinar a fazer um bolo de Coca-Cola e, para isso, citam todos os ingredientes necessários.

d) Os dois textos têm por objetivo encantar e sensibilizar o leitor e, para isso, citam todos os ingredientes necessários e descrevem, passo a passo, como fazer um bolo.

15 As palavras e expressões do texto 2 capazes de sensibilizar o leitor são:

a) farinha de trigo, margarina, 1 colher de café de sal, lave as pás da batedeira.

b) forno quente feito ninho, calor de carinho, o bolo assa sorrindo, fofo como o beijo.

c) farinha de trigo, margarina, o bolo assa sorrindo, fofo como o beijo.

d) forno quente feito ninho, 1 lata de creme de leite, o bolo assa sorrindo, fofo como o beijo.

16 No poema "Receita da vovó", marque as palavras que rimam entre si:

a) inchar, esbranquiçar.

b) farinha, inchar.

c) ninho, carinho, namoradinho.

d) sorrindo, beijo.

Bibliografia

BAKHTIN, Mikhail. *Estética da criação verbal*. São Paulo: Martins Fontes, 1997.

BATISTA, Antônio Augusto G.; GALVÃO, Ana Maria de O. *Leitura*: Práticas, impressos, letramentos. Belo Horizonte: Autêntica, 1999.

BRASIL. Ministério da Educação. Secretaria de Educação Básica. União Nacional dos Dirigentes Municipais da Educação. Conselho Nacional de Secretarias de Educação. *Base Nacional Comum Curricular*. Versão final, homologada em dezembro de 2017. Disponível em: http://portal.mec.gov.br/conselho-nacional-de-educacao/base-nacional-comum-curricular-bncc.

BRASIL. Ministério da Educação e Cultura. *Pacto nacional pela educação na idade certa*. Disponível em: http://pacto.mec.gov.br/index.php.

________. *Avaliação Nacional de Alfabetização (Ana)*: Documento básico. Brasília: Inep, 2013.

________. *Prova Brasil*: Matriz de referência: Língua Portuguesa 4ª série do Ensino Fundamental. Disponível em: http://portal.inep.gov.br/web/saeb/matrizes-dereferencia-professor e http://provabrasil.inep.gov.br/.

________. *Provinha Brasil*: Matriz de referência para avaliação da alfabetização e do letramento inicial. Disponível em: http://provinhabrasil.inep.gov.br/.

COLL, César; MARTÍN, Elena. *Aprender conteúdos & Desenvolver capacidades*. Porto Alegre: Artmed, 2004.

CORACINE, Maria José (Org.). *O jogo discursivo na aula de leitura*. Campinas: Pontes, 1995.

COSCARELLI, Carla Viana; RIBEIRO, Ana Elisa (Org.). *Letramento digital*: aspectos sociais e possibilidades pedagógicas. 3. ed. Belo Horizonte: Ceale/Autêntica, 2011.

COSTA, Marta Morais da. *Sempreviva, a leitura*. Curitiba: Aymará, 2009.

ILARI, Rodolfo. *Introdução à semântica*: brincando com a gramática. São Paulo: Contexto, 2001.

KLEIMAN, Ângela. *Leitura*: ensino e pesquisa. Campinas: Pontes, 1989.

________. *Texto & Leitor*. Campinas: Pontes, 1995.

________; MORAES, Silvia E. *Leitura e interdisciplinaridade*. Campinas: Mercado de Letras, 1999.

KOCH, Ingedore G. V. *A coerência textual*. São Paulo: Contexto, 1991.

________; BENTES, Anna Christina; CAVALCANTE, Mônica Magalhães. *Intertextualidade*: diálogos possíveis. São Paulo: Cortez, 2007.

________; TRAVAGLIA, Luiz C. *Texto e coerência*. 4. ed. São Paulo: Cortez, 1995.

LAJOLO, Marisa; ZILBERMAN, Regina. *Das Tábuas da Lei à tela do computador*: a leitura em seus discursos. São Paulo: Ática, 2009.

MACEDO, Lino de; ASSIS, Bernardete A. (Org.). *Psicanálise & Pedagogia*. São Paulo: Casa do Psicólogo, 2002.

MACHADO, Nilson José; MACEDO, Lino de; ARANTES, Valéria Amorim. *Jogo e projeto*. São Paulo: Summus, 2006.

MARIA, Luzia de. *Leitura & Colheita*: livros, leitura e formação de leitores. Petrópolis: Vozes, 2002.

MARTINS, Maria Helena. *O que é leitura*. São Paulo: Brasiliense, 2004.

PERRENOUD, Philippe. *Construir as competências desde a escola*. Porto Alegre: Artmed, 1999.

ROJO, Roxane; MOURA, Eduardo (Org.). *Multiletramento na escola*. São Paulo: Parábola, 2012.

SCHNEUWLY, Bernard; DOLZ, Joaquim. *Os gêneros orais e escritos na escola*. Tradução e organização de Roxane Rojo e Glaís Cordeiro. Campinas: Mercado de Letras, 2004.

SOLÉ, Isabel. *Estratégias de leitura*. Porto Alegre: Artmed, 1998.

ZILBERMAN, Regina da Silva (Org.). *Leitura*: perspectivas interdisciplinares. São Paulo: Ática, 1999.